Inhalt

Vorwort
Kurt Haymann ---------------------------------- 5

Flüchtlingskinder
Verfolgung, Flucht und Leben im Exil
Anni Kammerlander ---------------------------- 7

Flüchtlingskinder ohne Rechte
Eine Bilanz im Lichte
der aktuellen Politik
Heiko Kauffmann -------------------------------- 11

Wir kids
Portraits und Interviews
Sabine Ortner ----------------------------------- 33

Kunsttherapie mit Flüchtlingskindern
Beate Schneider-Geweke ------------------------ 52

Überlebenskampf
Probleme durch Flucht
und deren Überwindung
Hans-Jürgen Groebner --------------------------- 57

Trauma und Überlebenskunst
Peter Bründl ------------------------------------ 64

Kunst als Brücke
Kunst- und Kulturtherapie
Yvonne und Hans-Joachim von Zieten --------- 76

Zusammenleben in der Schule
Fee Czisch --------------------------------------- 85

Kreativität als Beitrag zur Persönlichkeitsentwicklung
Trixi Haberlander ------------------------------- 94

Zuhause keine Ruhe
Wie Flüchtlingskinder
ihren Alltag erleben
Harriet Austen ---------------------------------- 99

Ich besiege alle Drachen
Kunstwerkstatt für Flüchtlingskinder
Margit Türk ------------------------------------- 106

Die Kunstwerkstatt in der Unterkunft
*KursleiterInnen der Kunstwerkstatt
für Flüchtlingskinder* --------------------------- 111

Grenzen überwinden
Chancen für den eigenen
Entwicklungsweg
Jochen Baltzer ---------------------------------- 115

Adressen --- 122

Die Autorinnen und Autoren --------------- 126

Jedes Kind hat das Recht auf

- Gleichheit
- einen Namen und eine Staatszugehörigkeit
- Gesundheit
- Bildung
- Spiel und Freizeit
- Meinungsfreiheit
- Ernährung, Kleidung, Wohnung
- Medizinische Versorgung
- Liebe, Verständnis und Fürsorge
- besondere Betreuung, wenn es behindert ist
- Familienzusammenführung
- besonderen Schutz, wenn es keine Familie hat
- Erhaltung der natürlichen Lebensgrundlagen
- sofortige Hilfe bei Katastrophen und Notlagen
- Schutz vor Verfolgung
- Schutz vor Grausamkeit, Mißbrauch, Vernachlässigung und Ausbeutung
- Schutz vor kriegerischer Gewalt
- Schutz in Kriegen und auf der Flucht

Aus der Kinderrechtskonvention der
Vereinten Nationen vom 20. November 1989

Vorwort

Kurt Haymann

In Zeiten knapper Kassen wird es zunehmend „moderner", in erster Linie sozialen Projekten die Mittel zu entziehen oder wenigstens zu kürzen. Und dabei gilt die Regel: Je mehr sich soziales Engagement auf gesellschaftliche Randgruppen bezieht, desto härter fallen die Streichungen aus.

Wahrscheinlich gibt es kaum eine Gruppierung in unserer Gesellschaft, die weniger Lobby hat – und damit weniger öffentliche Aufmerksamkeit – als Flüchtlingskinder. Dies hängt damit zusammen, daß erst seit dem Ausbruch des Krieges im ehemaligen Jugoslawien auch die „Nachkriegsgenerationen" in der Bundesrepublik allmählich anfangen zu erahnen, was es tatsächlich bedeutet, als Kind aus der Heimat gerissen zu werden: herausgerissen zu werden aus der Sicherheit und Vertrautheit der bekannten Umgebung, konfrontiert mit und häufig traumatisiert von den Schrecken und Unmenschlichkeiten des Krieges, von Gewalt, Tod und Trauer – und in vielen Fällen ohne Eltern oder andere bekannte Bezugspersonen dazustehen.

Dazu kommt noch eine mindestens in Teilen menschenunwürdige „Rückführungspolitik" der bayerischen Staatsregierung, die, allen christsozialen Lippenbekenntnissen zum Trotz, auch vor Kindern nicht Halt macht und mitnichten berücksichtigt, daß das Ende eines Krieges keinesfalls auch das Ende traumatischer Prozesse bei den betroffenen Kindern (und Erwachsenen) bedeutet. Dabei sind, wie immer man die verschiedensten Kriegsgeschehen auch beurteilen mag, die Kinder ganz sicher nicht für diese verantwortlich.

Vor diesem Hintergrund muß die Arbeit all derer beurteilt werden, die, wie z.B. die *Kunstwerkstatt für Flüchtlingskinder*, wie *Refugio* oder wie die *Schule der Phantasie*, durch künstlerische oder andere therapeutische Arbeit mit Flüchtlingskindern dazu beitragen, daß diese wenigstens eine kleine Chance bekommen, ihre Traumen, Ängste und Probleme auszudrücken und damit vielleicht auch aufzuarbeiten. In dieser Arbeit trifft sich künstlerisches und politisches Handeln und manifestiert damit auch einen völlig neuen Kulturbegriff, den J. Beuys als das „Gestalten an der Skulptur des sozialen Organismus" bezeichnet hat. Ein solcher Kulturbegriff beschränkt sich eben gerade nicht darauf, nur das Ergebnis von bildnerischen, musikalischen oder schriftstellerischen Einzelleistungen zu sein, gleichsam ein Luxus, den sich eine Gesellschaft erlauben kann, solange es ihr gut geht, sondern er versteht sich als ein kreativer und kommunikativer Prozeß im Spannungsfeld von Mensch, Natur und Gesellschaft, der unterstellt, daß erst die künstlerische Auseinandersetzung mit der eigenen Geschichte und Gegenwart eine künstlerische Gestaltung der Zukunft ermöglicht. Kultur also als ein Kunstwerk, durch das eine Gesellschaft sich selbst wahrnimmt und darstellt.

Die Notwendigkeit der breiten Umsetzung eines solchen Kulturbegriffes liegt für all diejenigen auf der Hand, für die verantwortliche Politik auch eine Komponente der sozialen Verantwortung, insbesondere auch für Minderheiten, beinhaltet.

Um so mehr ist denjenigen zu danken, die 1996 die Initiative, den Mut und die Energie aufgebracht haben, die Ausstellung „Ich besiege alle Drachen" im Kulturzentrum Gasteig in München zu organisieren. Durch diese Ausstellung wurde es erstmals möglich, eine breite Öffentlichkeit mit dem „Tabuthema Flüchtlingskinder" zu konfrontieren, dafür zu interessieren und nicht zuletzt auch betroffen zu machen.

Die Erwartungen der „Verantwortlichen" hinsichtlich der Resonanz der Ausstellung – Medieninteresse und Besucherzahl – wurden weit übertroffen. Nicht zuletzt führte die fast einhellige Meinung, daß viele der ausgestellten Werke enorme Aussagekraft haben und kreatives Potential zeigen, zur logischen Konsequenz: auf der Grundlage der Ausstellung, zum einen gewissermaßen als deren „erweiterte" Dokumentation, zum anderen aber als Anregung und Leitfaden für die Arbeit mit Flüchtlingskindern, dieses Buch vorzulegen.

Dabei geht das Buch über die Ausstellung noch weit hinaus, denn es beinhaltet neben dort gezeigten Arbeiten unterschiedliche theoretische Beiträge sowie Praxisberichte aus der Arbeit mit Flüchtlingskindern.

Allen denjenigen, die sich zu einer solchen Arbeit entschlossen haben, wird „Ich besiege alle Drachen" ein wertvoller Ideengeber und eine praxisorientierte Arbeitshilfe gleichermaßen sein. Zu wünschen wäre, daß eine große Verbreitung des Buches zum einen viele Menschen von der Notwendigkeit des „gemeinsamen Gestaltens der sozialen Plastik" gerade in diesem gesellschaftlichen Randbereich motiviert, und zum anderen den AutorInnen und den HerausgeberInnen Zuversicht und Kraft für die eigene weitere Arbeit gibt.

Flüchtlingskinder
Verfolgung, Flucht und Leben im Exil

Anni Kammerlander

Menschen verlassen ihre Heimat, weil sie oder ihre Familienangehörigen wegen ihrer politischen Arbeit und Haltung oder ihrer ethnischen Zugehörigkeit oder Religion verfolgt werden. Deswegen wurden sie oder Familienangehörige von Polizei, Soldaten, Banden, gegnerischen Kämpfern beschimpft, bedroht, mißhandelt, verhaftet, gefoltert, ins Gefängnis gebracht, in Lager gesteckt oder ihre Verwandte getötet. Sie kommen aus Ländern, in denen Krieg, Bürgerkrieg oder Guerrillakrieg herrscht. Ihre Häuser und oft ganze Dörfer wurden vernichtet. Das Land kann nicht mehr bebaut werden, Märkte und Geschäfte sind zerstört. Die Versorgung mit Nahrung wird schwierig. Schulen, Krankenhäuser, die Infrastruktur der Orte gibt es oft nicht mehr. Viele werden aus ihrer Heimat vertrieben.

Alle Flüchtlinge hoffen, in einem anderen Land sicher zu sein, Schutz und Ruhe zu finden, weiterleben zu können.

Auch die Kinder von Flüchtlingen hatten die gleichen schrecklichen Erlebnisse. Sie waren Zeugen oder Opfer von Kampfhandlungen, Feuergefechten, Gewalttaten wie Mißhandlungen, Morden, Folterungen, Vergewaltigungen. Sie waren verfolgt, im Gefängnis oder Lager. Sie nahmen selbst an Gewaltakten teil und wurden zu Tätern. Sie erlebten die Trennung von Eltern, Geschwistern, Angehörigen, Freunden und Nachbarn oder deren Tod.

Sie mußten erfahren, daß ihre Eltern sie nicht schützen konnten, selbst Angst hatten und allem hilflos gegenüberstanden. Sie litten Hunger, lebten häufig versteckt. Die Flucht kam oft ohne Vorbereitung für sie, sie konnten sich nicht verabschieden von Angehörigen und Freunden, mußten ihre Spielsachen zurücklassen.

Kinder standen und stehen diesen extremen Belastungssituationen hilflos, schutzlos, verängstigt und verständnislos gegenüber. Diese überwältigenden Ereignisse führten zur Traumatisierung.

Im Exil

Im Exilland angekommen, beginnt ein neuer schwerer Abschnitt im Leben. AsylbewerberInnen und Bürgerkriegsflüchtlinge müssen in Sammelunterkünften wohnen.

Pro Person stehen oft nur vier bis sechs Quadratmeter zur Verfügung. Toiletten und Duschen sind Gemeinschaftsanlagen, manche in sehr schlechtem Zustand. Kochplatten stehen stockwerksweise zur Verfügung. Ungeziefer gehört zum Alltag.

In vielen Unterkünften wohnen mehr als 200 Personen, die aus verschiedensten Nationen kommen, verschiedensten Kulturen angehören. Das enge Zusammenleben, die mangelnde Ausstattung, die unterschiedliche Herkunft, die fehlende Verständigung, die schlechte psychische Verfassung aller BewohnerInnen sind Anlaß für Streitereien und Auseinandersetzungen, aggressive Handlungen und Beschuldigungen.

Kinder leben unter den gleichen Bedingungen, haben keinen Raum für Spiel, Rückzug, Hausaufgaben, sind in ihrem Bewegungsdrang eingeschränkt, schlafen schlecht.

Flüchtlinge müssen häufig umziehen, wenn die Verwaltung es verlangt. AsylbewerberInnen dürfen die Stadt oder den Landkreis, in dem sie wohnen, nicht verlassen, sonst begehen sie eine Straftat.

Sie erhalten als AsylbewerberInnen oder Geduldete über drei Jahre nur Sachleistungen (Essens- und Hygienepakete, zweimal im Jahr Kleidung) und Taschengeld (Erwachsene DM 80, Kinder DM 40 im Monat). Über diesen Zeitraum leben sie somit unter dem Existenzminimum. Ärztliche Behandlung wird gewährt bei akuten oder lebensbedrohlichen Erkrankungen; abgeheilte Folter- und Kriegsverletzungen sind nicht akut oder lebensbedrohlich und werden folglich nicht behandelt.

Arbeitsmöglichkeit ist durch das „Arbeitserlaubnisverfahren" kaum erreichbar, und wenn doch, dann allenfalls für Hilfsarbeiten wie Putzen, als Küchenhilfe, usw.

Flüchtlingen, die nach dem 1.5.97 eingereist sind, ist es verboten, zu arbeiten.

Es sind häufige Behördengänge notwendig: zum Bundesamt, Ausländeramt, Sozialamt, Wohnungsamt, um den Aufenthalt zu verlängern, Unterkunft, Essen und Taschengeld zu bekommen. Behördengänge machen Angst, da die Sprache nicht verstanden wird, häufig Mißtrauen und Unfreundlichkeit erlebt werden, und behördliche Kontakte oder Befragungen an unangenehme erniedrigende Erlebnisse in der Heimat erinnern.

In der Öffentlichkeit, auf der Straße, in Geschäften, in der U-Bahn schlagen den Flüchtlingen Mißtrauen und Ablehnung bis hin zu Beschimpfung und Angriffen entgegen und machen Angst. Sprache, Kultur, Normen des Exillandes sind fremd und bedrohlich.

Flüchtlinge wissen lange Zeit nicht, ob sie auf Dauer bleiben können. Das Asylverfahren kann sich über Jahre hinziehen. Sie verstehen nicht, daß Verfolgung und Folter allein oft nicht ausreichend sind, um als asylberechtigt anerkannt zu werden.

Flüchtling zu sein heißt: total von Behörden abhängig sein, über sein Leben nur in belanglosen Dingen bestimmen können; nicht wissen, wie lange man bleiben darf, nichts für die Zukunft tun können, zur Untätigkeit verurteilt sein, Angst haben, fremd sein, abgelehnt sein, grübeln, krank sein, verzweifeln, Heimweh haben, allein und einsam sein, die Hoffnung verlieren.

Die Zeit des Asylverfahrens mit der ständigen Unsicherheit und Angst bedeutet einen Zustand der Hilflosigkeit, der Machtlosigkeit, der völligen Abhängigkeit von Behörden und sozialen Abstieg. Für viele bedeutet das eine Retraumatisierung, ist psychischer Folter vergleichbar.

Für die Kinder ist diese spannungsgeladene Zeit noch folgenschwerer als für die Eltern. Sie sind in ihrer Persönlichkeitsstruktur in der Entwicklungsphase besonders verletzlich. Sie sind in der ersten Zeit im Exil desorientiert, verunsichert, verängstigt und sie fühlen sich von den Eltern im Stich gelassen. Sie nehmen zudem die Ängste der Eltern wahr, wissen aber nicht, wie damit umgehen. Sie dürfen ihre tiefe Trauer und Verzweiflung über den erlittenen Verlust nicht zeigen, um bei den Eltern nicht noch mehr Ängste zu aktivieren.

Vom ersten Tag an werden sie mit neuen kulturellen Normen überflutet, in einer fremden Sprache. In den Unterkünften sind Kinder als die Schwächsten im Haus oft das Ziel von Beschimpfungen und aggressiven Handlungen.

Viele werden aus der gewohnten Kinderrolle in eine sie überfordernde Erwachsenenrolle gedrängt. Sie müssen für die Eltern dolmetschen in der Unterkunft, bei Behörden und Ärzten; hören Dinge, die sie überfordern. Sie bekommen Verantwortung zugewiesen, die für sie zu groß ist oder sie eine neue Machtposition einnehmen läßt. Die elterliche Hierarchie ist zerstört. Kinder müssen Verantwortung für die Alltagsbewältigung der Familie tragen, übernehmen sogar die Rolle des Beschützers und Trösters.

Was Kinder brauchen

Die Traumatisierung von Kindern durch Krieg und seine Folgen gäbe es nicht, wenn Konflikte zwischen Ländern, Völkern, politischen Gruppen oder Religionsgemeinschaften friedlich beigelegt würden.

Das Wichtigste ist, Kriege vermeiden zu helfen, Waffen nicht in Regionen zu verkaufen, in denen Gefahr für kriegerische Auseinandersetzung droht und die Herstellung von besonders heimtückischen Waffen wie z.□B. Landminen, international zu verbieten.Kinder brauchen, um gesund heranzuwachsen, Frieden.

Wenn Kinder traumatisiert sind

Der wichtigste Faktor, der helfen kann, das Trauma und die massiven Verluste zu überwinden, ist die Rückkehr zum normalen Leben, eine gute Einbindung in das normale soziale Leben einer Gemeinschaft. Bezogen auf Flüchtlingskinder heißt das, sie brauchen:

- Einen sicheren Aufenthalt, der nicht von der ständigen Angst vor der Zukunft geprägt ist.
- Ausreichende und gesunde Ernährung, Kleidung und gesundheitliche Versorgung.
- Eine sichere und angemessene Unterkunft in einer gesunden Umgebung. Flüchtlingskinder gehören nicht in Gemeinschaftsunterkünfte.
- Die Möglichkeit zum Spielen und Toben, die Möglichkeit, Freunde zu finden.
- Die Teilnahme am Kindergarten- oder Schulleben, die Integration in Kindergarten und Schule. Das beinhaltet auch Information der LehrerInnen über die Hintergründe von Krieg und Flucht, die Bedürfnisse dieser Kinder, die Unterstützung der LehrerInnen durch Beratung, Fortbildung, Supervision.
- Soziale Integration der Eltern im Exilland, mit Konsequenzen in allen Bereichen: Sprache, Ausbildung, Arbeit, menschenwürdige Behandlung, sicherer Aufenthalt.
- Eltern, die wieder ihre Rolle als Eltern und Beschützer der Kinder übernehmen können.
- Möglichkeit, bei Bedarf Hilfe bei der Verarbeitung der Traumata zu finden.

Flüchtlingskinder ohne Rechte

Eine Bilanz im Lichte der aktuellen Politik

Heiko Kauffmann

Fünf Jahre Kinderrechte in Deutschland – zum Jubiläum ein Lehrstück über Kinderfeindlichkeit und Ausgrenzung

Der 5. April 1997 war der 5. Jahrestag der Ratifizierung der Kinderrechtskonvention durch die Bundesrepublik Deutschland.

Der Bilanz über die Umsetzung ihrer Bestimmungen im Bereich des Schutzes für ausländische, insbesondere unbegleitete Flüchtlingskinder, muß eine kritische Analyse der aktuellen Politik Bonns vorangestellt werden – Stichwort: Kanthers Handstreich-Verfahren gegen Kinder, die Eilverordnung zur Einführung der Visums- und Aufenthaltserlaubnispflicht für Kinder aus der Türkei, dem ehemaligen Jugoslawien, Tunesien und Marokko.

1997 ist zum „Europäischen Jahr gegen Rassismus" ausgerufen worden. Bundespräsident Herzog hat dieses Jahr am 4. März mit Appellen zu mehr Toleranz und Verständnis füreinander in Berlin eröffnet.

In Deutschland leitet nun nicht etwa der Bundespräsident die nationale Koordinationsstelle zur Ausgestaltung dieses Jahres, sondern ausgerechnet jener Minister, der quasi mit seiner ersten Amtshandlung im Jahr 1997 – der Eilverordnung über die Einführung der Visums- und Aufenthaltserlaubnispflicht für Kinder – den Beweis dafür lieferte, wie notwendig ein solches Jahr gegen Rassismus ist.

Allerdings reichen wohlmeinende Appelle oder Erklärungsversuche, die rassistische Tendenzen allein auf individuelle Defizite von einzelnen zurückführen, nicht mehr aus. Wollen sich die politischen Repräsentanten – insbesondere auch der Opposition – nicht dem Vorwurf der Verleugnung oder Verharmlosung der gesellschaftlichen Wirklichkeit aussetzen, müssen sie selbst endlich auch den institutionellen Rassismus der Gesellschaft in den Blick nehmen, aufgreifen und „angreifen", der sich in Sondergesetzen und -erlassen wie dieser sogenannten „Kanther-Verordnung" niederschlägt.

Die Europäische Union will sich „den rassistischen Tendenzen in Europa entgegenstellen, die im multinationalen und multikulturellen Europa Unsicherheit und Angst schaffen und das Gemeinschaftsgefühl zerstören" – so der zuständige Europäische Kommissar Padraig Flynn.

Selten wohl in Europa hat eine regierungsamtliche Maßnahme so viel Unsicherheit und Angst bei den betroffenen Familien ausgelöst, selten war eine Verordnung geeigneter, den sozialen Frieden im Lande so nachhaltig zu stören und das Gemeinschaftsgefühl so zu zerstören wie die Kanther-Verordnung, diese „Kriegserklärung" an 600.000 bis 800.000 Kinder.

Die *Arbeitsgemeinschaft Sozialdemokratischer Juristinnen und Juristen* bezeichnete diese hastige Verordnungsinitiative Kanthers als „schäbig" und „schädlich". Schäbig, weil sich die Bundesrepublik ihrer besonderen Verantwortung gegenüber den von ihr angeworbenen Ausländerinnen und Ausländern entziehe; schädlich, weil sie dem Gebot der Integration widerspreche.

Am 20. Februar 1997 mußten Kanther und die Bundesregierung harsche Kritik und eine scharfe Rüge vom Europaparlament in Straßburg einstecken.

Das Europäische Parlament forderte „die Regierungen der EU auf, jede Politik zu vermeiden, die dazu angetan ist, Rassenhaß und Fremdenfeindlichkeit zu schüren und insbesondere (...) die deutsche Regierung, die Verordnung über Kindervisa aufzuheben".

Nun hat der Innenminister diese Eilverordnung sowohl im Parlament wie auch der Presse und den Medien gegenüber damit begründet, daß es darum gehe, den Mißbrauch und das Schlepperwesen zu bekämpfen. Dazu allerdings ist seine Verordnung völlig ungeeignet: Kanthers Initiative nutzt niemandem – außer den „Schleppern". Bei diesen „dürften die Sektkorken geknallt haben" (Rechtsanwalt Hubert Heinhold): Weil die Praxis der Visa-Erteilung für die Mehrzahl der Betroffenen zum Hindernislauf wird, äußerst restriktiv gehandhabt wird und auf Verhinderung abgestellt ist, werden professionelle Fluchthilfeorganisationen einen neuen Boom erleben.

Auch halten die Zahlen, mit denen Kanther seinen „Mißbrauchs"-Vorwurf begründet, einer Überprüfung nicht stand.

Der angeblich sprunghafte Anstieg der Zahl unbegleiteter Minderjähriger von 198 Flüchtlingskindern, die 1994 registriert wurden, über 881 in 1995 auf 2.068 im Jahr 1996, ist u.a. auch darauf zurückzuführen, daß der Bundesgrenzschutz bis 1994 die Zahl von Kinderflüchtlingen nur an den Flughäfen erfaßte, nicht aber an den Grenzen.

Der größte Teil der Flüchtlingskinder, die Asyl begehren, reist im übrigen nicht aus den ehemaligen Anwerbeländern, sondern aus Bürgerkriegsländern wie Afghanistan, Somalia und Ruanda ein und benötigt ohnehin seit Jahren ein Einreisevisum.

Die asylbegehrenden Kinder aus den sogenannten ehemaligen Anwerbestaaten stammen vornehmlich aus der Türkei. Ihre Anträge aber sind keineswegs mißbräuchlich oder unbegründet gestellt. Eltern, Verwandte, oder in den Wirren des gewalttätigen Konflikts in Kurdistan allein auf sich gestellte Kinder und Jugendliche sehen darin die einzige Chance, den Gefahren und der unerträglichen Lage in den Kriegsgebieten der Türkei, Menschenrechtsverletzungen, möglicher Inhaftierung und Zwangsrekrutierung zu entkommen.

Jugendliche, die zum Beispiel mit Hilfe von Schleppern und auf Druck von Dealern allein einreisen, um mit Drogen zu handeln, gelangen auf geeigneten Wegen als erste ohne Schwierigkeiten – ausgestattet mit Geld und Papieren – nach Deutschland.

Während also die von Kanther vorgeschobenen Mißbrauchsfälle durch seine Verordnung gerade nicht ausgeschlossen werden können, trifft sie – neben den Hunderttausenden hier geborener Kinder der Familien ausländischer Arbeitnehmer/innen – bei den Flüchtlingskindern vor allem jene, die von Menschenrechtsverletzungen, Verfolgung und Krieg akut bedroht und unmittelbar betroffen sind. Diese sind dringend auf Hilfe – und nicht auf die Verweigerung von Zuflucht – angewiesen.

Ginge es Innenminister Kanther wirklich darum, Mißbrauch auszuschließen, d.h. auch den Mißbrauch von Kindern auszuschließen, so müßte er als erster die Forderung der *National Coalition* aufgreifen, für alle unbegleiteten Flüchtlingskinder ein sogenanntes Clearing-Verfahren durchzuführen. Die *National Coalition,* ein Zusammenschluß von über 90 Organisationen und Initiativen (darunter *terre des hommes*, *Pro Asyl*, die Wohlfahrtsverbände, der *Kinderschutzbund*), tritt dezidiert für die Umsetzung der UN-Kinderrechtskonvention in Deutschland ein und will deshalb ein Verfahren durchsetzen, in dem mit Ruhe und Sorgfalt, der notwendigen Betreuungsintensität und mit fachlicher Kompetenz die persönliche Situation und Perspektive der Kinder zunächst umfassend abgeklärt wird, weil nur dadurch „Mißbrauch" zu erkennen und auch der „Mißbrauch von Kindern" zu verhindern ist.

Nicht also beste Absicht und das „Wohl des Kindes" – wie es Art. 3 der

UN-Kinderrechtskonvention für alle Maßnahmen von Verwaltungsbehörden oder Gesetzgebungsorganen vorschreibt, sind zentrale Beweggründe der Kanther-Initiative, sondern ein vorgeschobenes angebliches öffentliches Interesse, hinter dem kein Mensch und keine Menschlichkeit mehr erkennbar wird.

Gerade heute wird auf allen internationalen Konferenzen und bei jeder sich bietenden Gelegenheit von Vertretern der Regierungen beklagt, daß Kinder zunehmend als Geschädigte, Beteiligte und Hauptbetroffene in politische und militärische Konflikte einbezogen werden.

Daß diesen Kindern die dringend erforderliche humanitäre Hilfe und völkerrechtlicher Beistand zuteil würde, war ein Grund für die Verabschiedung der Kinderrechtskonvention durch die Staatengemeinschaft. Das Bundesinnenministerium stellt in seiner Eilverordnung die minderjährigen unbegleiteten Flüchtlinge pauschal als „Mißbraucher" und Schmarotzer hin. Darin – und in Kanthers Eilverordnung insgesamt – drückt sich eine gigantische Täuschung der Öffentlichkeit, aber auch der Politik aus.

Der Kanther-Erlaß konterkariert alle Bemühungen um eine bessere Integration der hier lebenden Kinder ausländischer Arbeitnehmer/innen-Familien und um eine Verbesserung der Situation von Flüchtlingskindern. Er ist ein Lehrstück über Politik, Kinderfeindlichkeit, Mißachtung von Völkerrecht und von demokratischen Gepflogenheiten, ein erschreckendes Beispiel von institutionellem Rassismus.

Pro Asyl fordert von den Abgeordneten des Deutschen Bundestags und von den Ministerpräsidenten und Innenministern der Bundesländer eine uneingeschränkte Zurückweisung der Verordnung vom 11. Januar 1997!

Hintergründe und Ursachen

Um die Hintergründe und Ursachen der Flucht von Kindern – also auch der Anwesenheit von Kinderflüchtlingen in Deutschland – in den richtigen Rahmen zu stellen, hier zunächst einige Fakten und Meldungen aus der jüngsten Zeit:

358 Milliardäre besitzen soviel wie etwa die Hälfte der Weltbevölkerung, d.h. wie die ärmsten 45% von 2,3 Milliarden Menschen.

Die Polarisierung auf dem Erdball nimmt zu, die Kluft zwischen arm und reich wird größer. Dies sind die Kernaussagen des *UNDP*-Berichts 1996 über die menschliche Entwicklung. 358 Milliardäre besitzen soviel wie die Hälfte der Weltbevölkerung – gleichzeitig müssen 840 Millionen

Menschen in 88 Ländern der Welt hungern – so die *FAO* auf dem Welternährungsgipfel in Rom, November 1996.

Wie immer und immer wieder sind die Kinder die Hauptbetroffenen: Über 200 Millionen Kinder unter 5 Jahren sind unterernährt, mehr als ein Drittel aller Kinder in den Entwicklungsländern leidet an Mangelernährung und – trotz unverkennbar positiver Ansätze und Fortschritte in den letzten Jahren – ist die Sterblichkeitsrate dort bei Kindern unter 5 Jahren mit 97 pro 1.000 Lebendgeburten immer noch fast sechsmal höher als in den Industriestaaten.

Ich zitiere weitere Meldungen:

- „Kinder als Kanonenfutter" (taz, 12. November 1996). *Unicef* belegt in einer Studie, daß Ende der 1980er Jahre rund 200.000 Kinder unter 16 Jahren als Soldaten in mindestens 14 Krisenregionen dienten und befürchtet, daß ihre Zahl inzwischen weiter angestiegen ist. Die Studie zeigt auf, daß in Afghanistan, Nicaragua, El Salvador, Kolumbien, Burma, Liberia, im Sudan, in Angola und Mozambique sowie im Balkan-Krisengebiet bewaffnete Kinder zum Alltag gehörten bzw. gehören. Sie werden vom Militär bzw. paramilitärischen Gruppen geworben oder zwangsrekrutiert. Tausende Kinder schließen sich dem Militär aus Angst, Hunger oder Rachewunsch „freiwillig" an. In der „Dritten Welt" gelten insbesondere Straßen- und Waisenkinder als billiges „Kanonenfutter". Geraten sie in Gefangenschaft, werden sie den gleichen Qualen ausgesetzt wie Erwachsene: Folter, Vergewaltigung, Zwangsarbeit.

- Am 11. November 1996 legt die *Internationale Arbeitsorganisation (ILO)* in Genf eine Studie zur Kinderarbeit vor: Über 250 Millionen Jungen und Mädchen im Alter von 5 bis 14 Jahren werden weltweit in die Sklaverei und in die Kinderprostitution gezwungen oder in Bergwerken, Fabriken und Haushalten ausgebeutet. Zur Beseitigung dieser krassen Auswüchse schlägt die UN-Sonderorganisation unter anderem eine neue Konvention vor, die für inakzeptable und gefährliche Formen der Kinderarbeit ein höheres Mindestalter von 18 Jahren festlegen soll.

Schließlich muß im Zusammenhang mit Kinderrechten und Flüchtlingskindern darauf hingewiesen werden, daß:

- Tausende von Kindern in vielen Staaten der Welt Opfer von Folter, von staatlichen Übergriffen und Menschenrechtsverletzungen sind;
- Zehntausende von Kindern willkürlich verhaftet werden;

- massenhaftes Verschwindenlassen von Kindern in vielen Staaten der Welt an der Tagesordnung ist;
- sie in Gefängnisse gesperrt, verschleppt, ermordet, hingerichtet werden;
- Kinder von Oppositionellen und politisch aktiven Eltern besonders häufig gefährdet sind: sie werden mißhandelt, um Informationen zu erpressen;
- Kinder gezwungen werden, die Folterungen ihrer Eltern anzusehen; den Eltern wird gedroht, daß ihre Kinder gefoltert würden, wenn sie nicht redeten und Geständnisse machten;
- in vielen Ländern der „Dritten Welt" insbesondere die Kinder unter den sogenannten „Strukturanpassungsprogrammen" des Internationalen Währungsfonds und der Weltbank leiden: Die Armen müssen die Schulden zahlen, die sie nie gemacht haben und ihre Kinder erleiden irreparable Schäden in ihrer Entwicklung;
- Krieg, Vertreibung, Menschenrechtsverletzungen immer mehr Kinder in Mitleidenschaft ziehen, immer mehr Kinder entwurzelt werden, immer mehr unter den kurz- und langfristigen Folgen von Gewalt und Terror leiden.

Schätzungen gehen davon aus, daß fast die Hälfte aller Flüchtlinge in der Welt zufluchtsuchende Kinder, Heranwachsende und Jugendliche sind. Diese sind auf der Flucht immer besonders gefährdet: Familien werden auseinandergerissen, Kinder sind den großen physischen und psychischen Strapazen am wenigsten gewachsen, in vielen Flüchtlingslagern herrschen katastrophale Lebensbedingungen; viele Lager werden zu Dauereinrichtungen und führen damit zu „dauerhafter Heimatlosigkeit" und Bezugslosigkeit. Diese katastrophalen Umstände fördern Entwurzelung und Identitätsverlust von Kindern, sie verhindern Integration und ersticken die Lebenschancen von vielen. Auf 6 bis 10 Millionen wird die Zahl der Kinder geschätzt, die allein, ohne Begleitung, nach Verlust der Eltern oder sonstiger Angehöriger, nur auf sich gestellt, auf der Flucht sind.

Beeinträchtigung von Lebenschancen

Angesichts dieser massiven Beeinträchtigung von Lebenschancen und Verletzung von Kinderrechten klingt der Satz der Präambel der „Charta des Kindes" von 1959 – „Die Menschheit schuldet den Kindern das Beste, das sie zu geben hat" – wie ein Hohn auf die Lebenswirklichkeit der Mehrzahl der Kinder in der Welt.

Um diese Kluft zwischen Wissen und Handeln, zwischen Reden und Tun, zwischen Anspruch und Wirklichkeit im Sinne der Kinder entscheidend zu verringern und mit dem „härteren Recht" einer Konvention zu überwinden, wurde die UN-Konvention über die Rechte des Kindes am 20. November 1989 von der Staatengemeinschaft verabschiedet. 187 Staaten haben sie inzwischen ratifiziert oder sind ihr beigetreten (Stand: November 1996); die Bundesrepublik im April 1992 – allerdings mit Vorbehalten, und diese in einem zentralen Bereich, in dem es um Hilfen und Gewährung von Zuflucht für Flüchtlingskinder geht, die mit ihren Eltern oder ohne jegliche Begleitung Kriegen, Menschenrechtsverletzungen, Verfolgungsmaßnahmen, Zwangsrekrutierungen, Gewalt und persönlicher Not entrinnen wollen.

Durch ihre „Vorbehaltserklärung" wollte sich die Bundesregierung u.a. von den ausländerrechtlichen und asylrechtlichen Verpflichtungen der Kinderrechtskonvention lossagen, d.h.: auf die notwendige Anpassung und Reform der besonders restriktiven und abwehrenden deutschen Gesetze in diesem Bereich verzichten; dies, indem sie die unbarmherzige deutsche Asylrechtspraxis für „rechtens" und im Einklang mit den Intentionen der Kinderrechtskonvention interpretiert.

Die Konvention formuliert eindeutig, daß das „Wohl des Kindes" (Artikel 3) bei allen gesetzgeberischen, juristischen, aber auch verwaltungsmäßigen Entscheidungen „vorrangig zu berücksichtigen" ist.

Deutschland widerspricht mit seiner „Vorbehaltserklärung" diesem Anliegen: Für Kinder von Flüchtlingen und Migrant/innen gilt nicht in erster Linie das „Kindeswohl", gilt nicht „the best interests of the child" (wie es im Englischen besser formuliert ist), sondern das Asylverfahrensrecht bzw. das Ausländergesetz. Das Wohl der Flüchtlingskinder muß sich dem deutschen Asylrecht unterordnen.

Auch hier zeigen sich die Folgen einer verquasten, herzlosen und heuchlerischen Asyldebatte deutlich: Zuflucht suchende Menschen – und selbst Kinder – werden als „Bedrohungspotential" instrumentalisiert, statt ihnen Hilfe zu leisten und damit dem humanitären Anspruch des Grundgesetzes gerecht zu werden. (Sarkastisch könnte man hinzufügen: Deshalb mußte es ja auch geändert werden!)

Tatsächlich aber belegen Hunderte und Tausende von Einzelfällen und -schicksalen – dokumentiert von *Unicef*, dem *Hohen Flüchtlingskommissar der Vereinten Nationen*, *amnesty international*, *Pro Asyl* oder einer anderen Menschenrechtsorganisation – tagtäglich, daß zwischen dieser

Nato-Angriff, Edmir, 10 Jahre, aus Kladuscha.

Panzer, Maschinengewehr und **Schiff** von Mirza, 9 Jahre aus Bosnien.

Fiktion des (neuformulierten) Rechts und der Wirklichkeit des Flüchtlingselends von Erwachsenen und insbesondere von Kindern heute ein Abgrund klafft.

Vor dem Hintergrund massiver globaler Probleme – Armut, ökologischer Zerstörung, zunehmender Arbeitslosigkeit, Desintegration, kriegerischen Auseinandersetzungen und einer mehr und mehr weltweit zu beobachtenden zwanghaften Unterwerfung unter eine wirtschaftliche Globalisierung, welche die sozialen, politischen und kulturellen Rechte, ja die Menschenrechte insgesamt, immer mehr außer acht läßt – reagieren die reichen westlichen Staaten zunehmend mit Abwehrmaßnahmen und immer einfallsreicheren bürokratischen Verfahren, um ihre Grenzen – die Grenzen Europas und ihres eigenen Landes – für Flüchtlinge unpassierbar und unüberwindbar zu machen. Flüchtlinge sollen daran gehindert werden, überhaupt noch ein Asylgesuch stellen zu können. Davon sind Kinder besonders betroffen.

Viele, die in Deutschland Zuflucht gesucht haben, können ihre verlorene Sicherheit und ihre zerstörte Würde nicht wiederfinden, weil sie hier mit neuen Unsicherheiten, Hindernissen und Ängsten konfrontiert werden. Selbst Bürgerkriegsflüchtlinge müssen ausreisen oder mit Abschiebung rechnen.

Wir erleben diesen Konflikt ja alle im Umgang der deutschen Innenminister mit den bosnischen Kriegsflüchtlingen, darunter vielen Kindern und Jugendlichen, die hier noch zur Schule gehen oder einen Ausbildungsplatz in Aussicht haben. Und obwohl die meisten von ihnen das Kriterium der Schutzbedürftigkeit im Sinne der Genfer Flüchtlingskonvention nach wie vor erfüllen, werden sie von der deutschen Politik immer mehr unter Druck gesetzt, werden ihre Aufenthaltstitel nicht verlängert, Lebensperspektiven nicht beachtet. Das „Wohl des Kindes" – das Bestmögliche im Interesse des Kindes unter Erwägung aller Gesichtspunkte zu ermitteln und umzusetzen – spielt in Deutschland keine oder eine völlig untergeordnete Rolle.

Deutschland ist mit dieser Art eines „temporären Schutzes" auf dem Weg zu einer Minimalisierung des Flüchtlingsschutzes – und der Ignoranz bzw. der Geringschätzung gegenüber Menschenrechten insgesamt.

Das Elend wird fortgesetzt
Die Geschichte von Pit – ein Beispiel von vielen

Anfang Februar 1995 reist der minderjährige P. – nennen wir ihn im folgenden „Pit" – in Hamburg in die Bundesrepublik ein. Herkunft und

Schicksal sind ungeklärt. Die Ausländerbehörde veranlaßt eine sogenannte „fiktive Altersbestimmung", d.h., es wird „über den Daumen gepeilt", wie alt Pit sein könnte. Er wird über 16 Jahre geschätzt, damit ist er nach dem Asylverfahrensgesetz „asylmündig". Seine Anhörung erfolgt am 7. Februar, bereits am 10. Februar wird sein Antrag als „offensichtlich unbegründet" abgelehnt. Anfang März wird der Junge – gerichtlich angeordnet – in Abschiebehaft gesteckt. Erst Anfang Mai gelingt es seinem Rechtsanwalt, Pit freizubekommen. Um sein Alter genau zu bestimmen, wird einen Tag nach der Haftentlassung eine Röntgenuntersuchung des Handwurzelknochens angeordnet und durchgeführt. Die „überraschende" Folge: einige Tage später wird Pit in ein Jugendheim geschickt, er erhält eine Duldung und einen Vormund.

Während der zweimonatigen Inhaftierung hat sich Pit nur schriftlich äußern können. Vermerke aus der Gerichtsverhandlung machen seinen psychischen Zustand deutlich: „Sitzen in der Zimmerecke", „der Betroffene vergräbt das Gesicht in den Händen".

Pit ist offensichtlich schwer traumatisiert, kann nicht sprechen, versucht sich aber schriftlich mitzuteilen, wenn er Stift und Papier hat. Seine Unzugänglichkeit wird ihm von Behörden und Gerichten als verstockte Haltung ausgelegt. Nach dem Ende seiner Abschiebehaft verändert er sich zusehends. Als er auf seinen schriftlich geäußerten Wunsch einen Gottesdienst besuchen kann, fängt er an zu sprechen. Immer seltener muß er einen Stift benutzen, um sich mitzuteilen. Langsam werden Bruchteile seiner Lebensgeschichte sichtbar. Es wird festgestellt, daß er Verbrennungen an Knie und Bein hat, die schlecht verheilt sind. Seit seiner Ankunft in Deutschland hat sich niemand darum gekümmert. Pit ist offensichtlich dem Völkermord in Ruanda mit knapper Not entkommen.

Was ist seiner Familie, was dem Jungen widerfahren? Es wird noch sehr lang dauern, bis Pit seine Geschichte wirklich erzählen kann.

Was wäre in seinem Fall gewesen, wenn nicht engagierte Menschen begonnen hätten, den stummen Pit ernst zu nehmen und sich für ihn einzusetzen?!

Im Beispiel von Pit sind drei Stichworte gefallen, die ich im folgenden kurz erläutern will:
- ungeklärtes Schicksal bei der Ankunft
- Asylmündigkeit
- Altersbestimmung.

Die deutschen Behörden machen es sich zu einfach, wenn sie nach der Devise „Ankunft – Antrag – Ablehnung – Abschiebung" die Kinder und Jugendlichen in ein für sie in der Regel ungeeignetes Verfahren pressen und wie Erwachsene behandeln. Daß viele von ihnen völlig verstört im Zustand von Schock, Verzweiflung, Entwurzelung und Streß hierherkommen, wird überhaupt nicht bedacht. Viele kommen ja unmittelbar aus dem Krieg.

Zu den „normalen" Kriegserlebnissen von Kindern (so die Studie von *Unicef*) gehören:
- Die Trennung von Eltern und Geschwistern
- der Tod der Eltern, von nahen Angehörigen oder Freunden
- Flucht, Entwurzelung durch neue Umgebung, neue Sprache
- Gefangenschaft und Lagerleben
- Zeuge zu sein von Kampfhandlungen wie Bombardements und Feuergefechten
- Zeuge zu sein von Gewaltakten: Morden, Folterungen, Vergewaltigungen
- Opfer zu sein von Gewalttaten: Folterungen, Verwundungen
- teilzunehmen an Gewaltakten: Kindersoldaten
- Verarmung in Folge des Krieges.

Die verschärften Bestimmungen des deutschen Asylrechts und die gesamte Verfahrenspraxis werden den besonderen seelischen Belastungen und Schwierigkeiten von Flüchtlingskindern in keiner Weise gerecht. Wer das Leid dieser oft völlig erschöpften und schwer traumatisierten Kinder – die unmittelbar unter dem Eindruck von Krieg, Verfolgung und Gewalt z.B. in Ruanda, Afghanistan, Zaire oder Bosnien-Herzegowina zu uns gekommen sind – immer wieder erlebt, findet kein Verständnis für die absichtsvolle, gesetzlich vorgeschriebene Verweigerung von Hilfen für Flüchtlingskinder durch den Rechtsstaat!

Mit Ruhe und Sorgfalt, mit Zeit und Zuwendung, unter kindgerechten Bedingungen und mit der erforderlichen Gesprächs- und Betreuungsintensität muß überhaupt erst einmal das persönliche Schicksal des Flüchtlingskindes abgeklärt und seine bestmögliche Entwicklung und Perspektive im Sinne des Kindeswohles beraten werden. Um dies zu gewährleisten, fordert *Pro Asyl* zusammen mit den anderen in der *National Coalition* zusammengeschlossenen Verbänden, Kinder- und Menschenrechtsorganisationen seit langem die Einführung des bereits erwähnten „Clearing"-Verfahrens, das den besonderen Schutzbedürfnissen dieser

Flüchtlingskinder im Sinne des Artikel 3 und des Artikel 22 der Konvention Rechnung trägt.

Für die Dauer dieses Clearing-Verfahrens sollen die Kinder und Jugendlichen eine Aufenthaltsbefugnis erhalten!

Der Fall von Pit zeigt zweitens, daß die Bundesrepublik in einem weiteren zentralen Punkt die Bestimmungen der Konvention umgehen will: Indem sie unbegleitete Flüchtlingskinder gemäß § 12 Asylverfahrensgesetz und § 68 Ausländergesetz mit 16 Jahren für asylmündig erklärt. Danach sind Jugendliche, die das 16. Lebensjahr vollendet haben, fähig, Verfahrenshandlungen nach dem Asylverfahrensgesetz vorzunehmen. Dies ist äußerst bedenklich. Kinder und Jugendliche unter 18 Jahren sind schon im Hinblick auf ihr Alter und die Kompliziertheit des Verfahrens dringend auf Beistand und Beratung angewiesen. Aufgrund des Artikels 1 der UN-Kinderrechtskonvention ist jeder Mensch vor Vollendung des 18. Lebensjahres als Kind anzusehen. Daher ist es unangemessen, Kinder zwischen 16 und 18 Jahren asylverfahrensrechtlich wie Erwachsene zu behandeln. Deshalb bekräftigen wir mit allen Wohlfahrtsverbänden, Kirchen und Menschenrechtsorganisationen die Forderung: Kinderschutz im Sinne der Konvention (Artikel 1) muß bis zum Alter von 18 Jahren, bis zur Volljährigkeit, gewährt werden. Gesetzliche Änderungen des § 12 Asylverfahrensgesetz und § 68 Ausländergesetz sind daher dringend erforderlich.

Gerade wenn man sich – wie die Bundesregierung – völlig zurecht dafür einsetzt, daß Artikel 38 der Kinderrechtskonvention dahingehend geändert wird, daß Kinder bis zum 18. Lebensjahr von allen Feindseligkeiten ferngehalten werden, d.h. nicht in bewaffneten Streitkräften eingesetzt werden dürfen, ist es besonders unglaubwürdig, wenn in einem anderen zentralen und sensiblen Bereich der Konvention dieselbe Bundesregierung nichts dabei findet, Kinder zu ihrem Nachteil wie Erwachsene zu behandeln!

Schließlich das dritte Stichwort im Fall von Pit: Zwangsröntgen und Altersschätzung. Auch wenn für Pit das Röntgen des Handwurzelknochens zur Duldung führte: Zwangsröntgen und Altersschätzung sind typische Auswüchse eines rigiden Rechts, das Kinder und Jugendliche um jeden Preis asylmündig machen und in verkürzte Verfahren zwingen will.

Ein Rechtsgutachten im Auftrag von *Pro Asyl* und dem *Verein Demokratischer Ärztinnen und Ärzte* vom März 1995 kommt zu dem Ergebnis, daß die Praxis der Altersbestimmung durch Zwangsröntgen (des Handwurzelknochens) rechtswidrig ist und daß die Durchleuchtung mit Röntgenstrahlen zum Zwecke der Altersbestimmung den Tatbestand der Körperverletzung erfüllt. Außerdem ist diese Methode wissenschaftlich nicht haltbar, weil zu ungenau, ungeeignet und zudem gesundheitsgefährdend.

Die umstrittene Praxis wurde am Frankfurter Flughafen und in vielen anderen Bundesländern inzwischen eingestellt. Stattdessen sind BGS und Behördenmitarbeiter/innen dazu übergegangen, die Altersbestimmung durch „Inaugenscheinnahme" vorzunehmen. Eine solche Altersfeststellung aufgrund des äußeren Erscheinungsbildes ist nicht sachgerecht und daher abzulehnen.

Auch hier bekräftigen wir die Forderungen der *National Coalition*, daß bei Minderjährigen, die weder einen Paß noch einen Identitätsnachweis besitzen, eine Altersfeststellung nur von anerkannten Fachkräften (z.B. Kinderärzten und Kinderpsychologen) in einem sachgerechten Verfahren, ohne Zwang, ohne unzulässigen Eingriff in die körperliche Unversehrtheit (etwa durch Handwurzelröntgen) vorgenommen werden darf; dabei haben die Fachkräfte die physische und psychische Reife des Jugendlichen vorrangig zu berücksichtigen. In Zweifelsfällen ist zugunsten des Minderjährigen zu entscheiden.

Angekommen sein, heißt noch nicht angenommen sein

Für alle Flüchtlingskinder gilt: angekommen zu sein, heißt noch lange nicht, angenommen zu werden. Flüchtlingskinder benötigen in dieser Extremsituation besonderen Schutz und besondere Hilfen. Auch die Lebensbedingungen in den zentralen Aufnahmeeinrichtungen, Gemeinschaftsunterkünften und Lagern widersprechen diesen Erfordernissen in aller Regel diametral.

Wirken sich Umfeld und Verfahren, vielfältige Einschränkungen der sozialen Möglichkeiten, Rechtsunsicherheit und die stete Ungewißheit über die eigene Gegenwart und Zukunft bereits bei erwachsenen Flüchtlingen negativ aus, so können sie bei Kindern und Jugendlichen noch viel eher zu verheerenden irreparablen (weiteren) physischen und psychischen Schädigungen führen.

Ihre wertvollsten Fähigkeiten können bei unzureichenden Leistungen – wie sie etwa über das Asylbewerberleistungsgesetz deutlich abgesenkt wurden – und in Folge ungenügender Lern-, Betreuungs- und Erfahrungsangebote nur schwer zur Entfaltung gelangen.

Ich zitiere Dagmar Stiebel, Pflegemutter eines schwer herzkranken fünfmonatigen Kindes bosnischer Asylbewerber, die alles versucht hatte, die nötige Herzoperation für das Kind durchführen zu lassen, dabei von einer Behörde zur anderen geschickt, von einem Paragraphen auf den anderen verwiesen wurde, bis es schließlich – trotz Operation – für das Kind bereits zu spät war. Sie sagt: „Meine Tochter mußte sterben, weil in Deutschland Gesetze, Vorschriften und Paragraphen mehr zählen als ein menschliches Leben."

Weiter heißt es in ihrem Bericht: „Jeder Beamte, jeder Angestellte, jeder Sachbearbeiter hat streng nach seinen Vorschriften gehandelt. Und keiner kann etwas dafür, daß der Begriff „Menschlichkeit" in diesen Vorschriften nicht vorkommt."

„Ein Kind mußte sterben, weil in Deutschland Gesetze, Vorschriften und Paragraphen mehr zählen als ein menschliches Leben!" Dieses Zitat ist nicht erfunden und stammt nicht aus einer Broschüre von *Pro Asyl* oder regierungskritischen Beiträgen von Menschenrechtsorganisationen – ich habe es der „Bild am Sonntag" vom 4. August 1996 entnommen.

Ein anderes Beispiel: Ein Arzt berichtete uns von einem 15-jährigen kurdischen Jungen aus einer Unterkunft, der auf eine Mine getreten war: seine Wunde war noch nicht verheilt und er hätte dringend behandelt werden müssen. Als der Junge bei der Behörde einen Krankenschein erbat, bekam er die Mitteilung, er werde ja sowieso bald abgeschoben!

Unterlassene Hilfeleistung wird durch § 4 des Asylbewerberleistungsgesetzes möglich, nach dem Asylsuchende nur noch Anspruch auf „Behandlung akuter Erkrankungen und Schmerzzustände" haben. Danach sind chronische Erkrankungen und Behinderungen von der Behandlung ausgeschlossen.

Dieses Gesetz ist nicht nur ein Einstieg in die Dehumanisierung von Flüchtlingen; es stachelt auch diejenigen, die es anwenden sollen, zu immer neuen Untaten an. Auch die Vollstrecker/innen solcher Gesetze werden – im Prinzip – zur Gnadenlosigkeit, Rücksichtslosigkeit, Mitleidslosigkeit verpflichtet. Nicht nur immer mehr Flüchtlinge, auch Mitarbeiter/innen von Behörden zerbrechen daran.

Dieses Beispiel zeigt auch, daß die Bundesrepublik nicht nur die Kinderrechtskonvention verletzt, wenn sie Flüchtlingen Rechte verweigert und damit Schaden zufügt; in diesem Fall verletzt sie auch den internationalen Menschenrechtspakt über wirtschaftliche, soziale und kulturelle Rechte von 1966, nach dessen Artikel 12 die Bundesrepublik diejenigen Voraussetzungen zu schaffen hätte, „die für jedermann im Krankheitsfall den Genuß medizinischer Einrichtungen und ärztlicher Betreuung sicherstellen" und in dem sie sich zur Verwirklichung des Rechts „eines jeden auf das für ihn erreichbare Höchstmaß an körperlicher und geistiger Gesundheit" verpflichtet hat.

Die Einführung einer Zwei-Klassen-Medizin, die absichtsvolle Verweigerung von Hilfen wird diesen von der Bundesrepublik Deutschland anerkannten völkerrechtlichen Verpflichtungen nicht gerecht!

Schließlich sei noch das Flughafenverfahren in bezug auf Kinderflüchtlinge erwähnt.

„Flughafenregelung" und Inhaftierung von Kindern

Auch die sogenannte Flughafenregelung verstößt klar gegen das Gebot des Artikels 22 der Kinderrechtskonvention, der minderjährigen Flüchtlingen angemessenen Schutz und Hilfe zusagt. Die in Artikel 22 Absatz 2 der Konvention geforderte Gleichbehandlung mit deutschen Kindern wird hier bewußt unterlassen. Die grenzpolizeiliche Behandlung alleinreisender minderjähriger Flüchtlinge wurde mit dem Erlaß des Bundesinnenministers vom Juni 1994 drastisch verschärft. Danach werden auch Kinder unter 16 Jahren der sogenannten Flughafenregelung unterworfen. Sie werden beim Bundesgrenzschutz unter haftähnlichen Bedingungen oft mehrere Tage am Flughafen festgehalten, obwohl in einem Verwaltungsgerichtsbeschluß festgestellt worden ist, daß die sogenannten „Kinderräume" des Grenzschutzes für die Unterbringung von Kindern nicht (und für die Unterbringung von Jugendlichen nur in Ausnahmefällen für die Dauer von höchstens 2 Übernachtungen) geeignet seien. Trotzdem hat der Bundesgrenzschutz auch nach dieser Entscheidung Minderjährige über mehrere Tage hinweg in seinen Räumen festgehalten und verwahrt. Dies ist völlig inakzeptabel. Die Flughafenregelung darf nicht auf unbegleitete minderjährige Flüchtlingskinder angewendet werden. Diese Praxis verletzt auch Artikel 37 derselben Konvention, der freiheitsentziehende Maßnahmen bei Kindern vom Prinzip her ausschließt. Diese werden jedoch nicht nur im Flughafenverfahren praktiziert.

Immer wieder kommt es vor, daß Jugendliche zwischen 16 und 18 Jahren, denen der Aufenthalt in der Bundesrepublik aufgrund des Asyl- und Ausländerrechts verweigert wird, in Abschiebehaft genommen werden. Auch die Inhaftierung von Minderjährigen verstößt gegen das Gebot des besonderen Schutzes, den Kinder und Jugendliche nach der UN-Kinderrechtskonvention, aber auch anderen internationalen Abkommen, genießen.

Die *National Coalition* fordert ein Verbot und die grundsätzliche Vermeidung von Abschiebehaft bei unbegleiteten minderjährigen Flüchtlingen gemäß Artikel 37 Kinderrechtskonvention.

Ich zitiere eine „Botschaft" aus der Abschiebehaft Berlin, Kruppstraße:

„Ich habe Angst.
Angst, die Euch draußen fremd ist und hoffentlich fremd bleiben wird.
Die Angst lebt bei mir im Bauch, im Kopf, in den Füßen, in den Händen.
Meine Hände zittern und sind naß und kalt wie die Hände meiner Großmutter, ehe sie starb.
Die Angst verläßt mich auch nicht im Schlaf.
Ich kann sie mit niemandem teilen und niemandem mitteilen;
denn die Männer, mit denen ich die Zelle teile, sprechen eine andere Sprache.
Wir verstehen uns nicht.
(...)
Wir beobachten uns argwöhnisch. Wie spricht der Polizist mit meinem Nachbarn?
Ist er freundlicher zu ihm als zu mir? Warum bekommt er jede Woche Besuch von Deutschen und ich noch nie bisher?
(...)
In den ersten Wochen hatte ich noch Hoffnung.
Hoffnung, daß der Richter mir glaubt.
Hoffnung, daß die Behörden mich anhören.
Hoffnung, daß es jenseits der Gitterstäbe noch jemanden gibt, der sich mir zuwendet.
Die Hoffnungen sind zerplatzt. Der Haß ist zerplatzt.
Die Sehnsucht nach Freiheit ist verschwunden. Geblieben ist die Angst vor den Polizisten und Sicherheitsbeamten im Land meiner Geburt.
Mir aber wurde gesagt: Angst ist nicht asylrelevant.
Ihr da draußen baut Transparente und Fahnen auf.
Ihr sagt, daß der Tag des Flüchtlings sei. Ihr hört Reden unterbrochen von Musik. Ich bitte Euch: Schweigt und riecht die Angst, die durch diese Wände kriecht."

Dies ist der Brief eines jungen Menschen, der mit 15 Jahren nach Deutschland kam, der an die Menschenrechte, an die Achtung der Menschenrechte in diesem Land glaubte und deshalb hier Zuflucht suchte, der 4 Tage nach dieser „Botschaft" nach China abgeschoben wurde!

Unzureichender Schutz für Mädchen

Ein weiteres wichtiges Kapitel darf bei der Behandlung des Themas „Kinderflüchtlinge in Deutschland" nicht unerwähnt bleiben: die besondere Gefährdung von Mädchen. Daß Frauen und Mädchen der Barbarei in Kriegen, Bürgerkriegen und auch auf der Flucht in besonderem Maße ausgesetzt sind, ist seit langem bekannt.

Seit vielen Jahren, zumindest aber seit der Weltfrauenkonferenz – deren Ergebnisse auch von der Bundesregierung ausdrücklich begrüßt wurden – sind die Staaten in der Pflicht, entsprechend einer erhöhten und spezifischen Gefährdung endlich auch zusätzlich spezielle rechtliche und soziale Schutzmöglichkeiten für Frauen und Mädchen zu schaffen. Gewalt gegen Frauen und Mädchen, Vergewaltigung, massiver sexueller Mißbrauch, geschlechtsspezifische Verfolgungsgründe, etwa in der Folge von Verstößen gegen den sozialen Sittenkodex der Herkunftsgesellschaft, führen weder von sich aus zur Asylanerkennung noch garantieren sie Abschiebehindernisse oder führen zu einem Bleiberecht aus humanitären Gründen.

So erhält z.B. keine afghanische Frau, kein afghanisches Mädchen in Deutschland Asyl, noch werden Abschiebehindernisse zuerkannt, wenn sie versuchen, sich dem rigiden, diskriminierenden und mit schweren Sanktionen belegten Zwang der Unterordnung (der Frau) in der afghanischen Gesellschaft durch Flucht zu entziehen. Dies, obwohl die „Zumutung" unserer deutschen Entscheider und Gerichte, sich im Heimatland – Afghanistan – in die Regeln und Traditionen einer islamischen Gesellschaft einzupassen und sich ihnen unterzuordnen, zum Verzicht auf die Wahrnehmung der eigenen Interessen im Privatleben, der eigenen Würde und Freiheit im Beruf, der politischen Teilhabe führt. Nach den Merkmalen einer demokratisch verfaßten Gesellschaft sind dies unverzichtbare Bestandteile der Integrität und Würde jedes Menschen.

Auch der Versuch afrikanischer Eltern und Mütter, ihre Töchter vor der Zwangsbeschneidung, der genitalen Verstümmelung, zu schützen, führt bisher weder zur Asylanerkennung noch zu einer ausländerrechtlichen humanitären Bleiberechtsregelung. In Berlin ist eine Mutter mit drei Töchtern nach Nigeria abgeschoben worden, obwohl dokumentiert ist, daß diesen bei der Rückkehr eine Beschneidung gegen ihren Willen droht.

Der deutsche Gesetzgeber und die Innenminister und -senatoren der Länder müssen endlich gesetzgeberisch tätig werden, um die rechtliche Schutzlücke für Frauen und Mädchen zu schließen, die aufgrund ihres

Geschlechts schwerwiegender Diskriminierung, Eingriffen in ihre Würde und geschlechtsspezifischer Verfolgung ausgesetzt sind. Nicht nur die Genfer Flüchtlingskonvention, sondern auch Artikel 19 der Kinderrechtskonvention in Verbindung mit Artikel 3, 34 und 36 der Konvention müßten dazu führen, daß drohende Gefahren geschlechtsspezifischer Verfolgung und schwerster Eingriffe in Würde und Unversehrtheit einer Person dazu führen, daß hier Schutz- und Bleiberechtsmöglichkeiten für die betroffenen Mädchen geschaffen werden.

Auch in diesem Bereich der Umsetzung der Kinderrechtskonvention hat die Bundesrepublik, hat der Gesetzgeber, haben die deutschen Gerichte und Ämter dringenden Nachholbedarf.

Völkerrecht für Kinder muß auch in Deutschland umgesetzt werden

Daß die Menschenrechte in Deutschland zur Zeit keine Konjunktur haben, erfahren wir – leider – tagtäglich in unserer Arbeit.

Der erste UN-Bericht über Rassismus vom Frühjahr 1997 erwähnte auch Deutschland. Der UN-Beauftragte riet Bonn damals zu einem Anti-Rassismus-Gesetz.

Das Menschenrechtskomitee in Genf empfahl Deutschland anläßlich der Vorlage seines Berichts Anfang November 1996 die Berufung unabhängiger Gremien zur Untersuchung von Polizeiübergriffen und übte Kritik an der deutschen Definition von nationalen Minderheiten, die Migranten und Flüchtlinge ausschließe, sowie an dem gesamten Bereich der Umsetzung von Kinderrechten.

Ebenfalls in diesem Sinne hatte der zuständige UN-Ausschuß für die Rechte des Kindes bereits im November 1995 in Genf Kritik an der Haltung der Bundesregierung geübt und die unerläßliche Anpassung des deutschen Asyl- und Ausländerrechts an die UN-Kinderrechtskonvention unüberhörbar angemahnt.

Manche Politiker meinen, weil es sich hier ja um Kinder und Kinderrechte handle, brauche man es mit der Rechtsstaatlichkeit nicht ganz so ernst zu nehmen. Die Signale aus dem Ausland sind deutlich: Gerade weil es sich hier um Kinder handelt, muß sich der Rechtsstaat in besonderer Weise herausgefordert fühlen.

Die Bundesrepublik Deutschland ist ein demokratischer und sozialer Rechtsstaat, dessen oberste verfassungsrechtlichen Leitwerte im Menschenwürde-Gebot und im Diskriminierungsverbot bestehen. Was müssen von Abschiebung und Ausweisung bedrohte Flüchtlingskinder

empfinden, wie aber wird auch deutschen Kindern und Jugendlichen Wert und Würde und Gleichheit der Menschen in einem demokratischen Land vermittelt, wenn sie in den Ausreiseaufforderungen an gleichaltrige Klassenkameraden einen Satz wie diesen finden: „Durch Ihre Anwesenheit werden Interessen der Bundesrepublik Deutschland beeinträchtigt"?

Wie stark ist dieser Staat, wie stark ist eine Demokratie, für die Minderjährige eine öffentliche Gefahr darstellen und die es fertigbringt, selbst Kinder in eine ungewisse Zukunft abzuschieben?

Weder stellen diese Kinder eine öffentliche Gefahr dar noch ergibt sich aus ihrer Anwesenheit eine – wie es im Behördendeutsch heißt – „erhebliche Gefährdung der öffentlichen Sicherheit".

Nein, das Gemeinwesen und die Demokratie geraten in Gefahr, wenn Gesetze und Erlasse gefährdeten und auf Hilfe und staatlichen Beistand angewiesenen Flüchtlingskindern keinen Schutz mehr gewähren.

Die aus dem unantastbaren Kern unserer Verfassung abgeleiteten Belange der Menschenwürde und des Menschenrechtsschutzes sind vorrangig. Auch gegenüber den „öffentlichen Belangen", wie sie gern von den Verfechtern einer rigiden deutschen Asyl- und Abschottungspolitik ins Feld geführt werden und die sie möglicherweise oder tatsächlich durch die Anwesenheit von Flüchtlingskindern beeinträchtigt sehen.

Die Kinderrechtskonvention ist eine Konkretisierung dieser höchsten Leitwerte unserer Verfassung, eine beschwörende Mahnung zur Menschlichkeit und zur Wahrnehmung von Verantwortung, die in Handeln einmünden muß.

In diesem Sinne sind Bundesregierung, Bundestag und die Innenminister und -senatoren der Länder aufgefordert, ihrer gesetzlichen Handlungspflicht endlich nachzukommen und das Völkerrecht zugunsten der Flüchtlingskinder auch in der Bundesrepublik Deutschland durchzusetzen.

Wir Kids

Sabine Ortner

Sabine Ortner leitete zwei Jahre lang Kurse für bildnerisches Gestalten für die Kunstwerkstatt für Flüchtlingskinder *in München-Allach. Im Rahmen ihrer Zulassungsarbeit interviewte und fotografierte sie die Kinder, mit denen sie zusammengearbeitet hatte. Aus diesen Interviews wählten wir Teile aus und so entstanden die folgenden Portraits.*

Ich bin Rozbe
9 Jahre alt, aus Afghanistan, ich komme von Kabul und wohne seit einem Jahr in einem Heim und ich hab' hier alles mögliche.
Ich wohne in einem guten Heim, ich hab' hier Freunde und ich hab einen Bruder, eine Schwester, eine Großmutter und meine Eltern. Ich kann gut malen. Also hier ist es auch besser mit den anderen Kindern. Weil die anderen Kinder spielen mit mir, jetzt hab' ich hier auch Freunde. Ich kann hier auch Theater spielen und das macht viel, viel Spaß. Zum Beispiel in Afghanistan kann man kein Theater spielen jetzt. Ich habe kein Heimweh.

Mein Vater hatte ein Auto, mein Vater war ein Soldat. Wir hatten ein Haus, da waren drei Zimmer und zwei Toiletten und eine Küche; also das war ein großes Haus und da waren viele, auch ausländische Leute. Da waren auch viele, viele Freunde und ich habe mit ihnen gespielt, aber jetzt weiß ich nicht, wo sie sind. Da ist Krieg. Ich glaube nicht, daß sie noch da sind.
So, jetzt erzähle ich von hier, o.k.? Hier in Deutschland gefällt es mir, weil kein Krieg ist und weil Schule ist. Und da können wir gut schlafen, besser als in Afghanistan, weil da waren so viele Raketen und Krieg. Hier ist es besser, weil dort kann man nicht essen – hier ist es besser. Da wo jetzt Krieg ist, gibt es gar nichts zu essen.
Wenn ich mir was wünschen dürfte? Also, ich wünsche mir ein Haus, ein großes, und noch ein Auto und ein Fahrrad.
Wo das Haus stehen sollte, weiß ich nicht, nicht hier im Heim. Aber hier im Heim ist es auch gut.

Ich heiße Baray, ich bin 8 Jahre alt und ich bin in Deutschland, in Afghanistan ist Krieg.
Jetzt bin ich hierher gekommen wegen dem Krieg.
Ich war in Afghanistan und dort war Krieg. Dort sind mein Opa und meine Oma, Onkel und Tante. Mein Opa, der hatte lauter Apfelbäume und alles im Garten, da bin ich gern hingegangen. Der hatte alles, einen großen Park und so.
Ich würde mir ein Auto wünschen, und ein Haus, und noch vieles.

Fatlume, 8 Jahre, aus Albanien
Hier gefällt es mir ein bißchen gut. Ich möchte lieber in ein anderes Heim. Weil hier stinkt es immer nach Chinesien-Brot. Wenn wir die Türe aufmachen, dann kommt immer die Luft rein. Ja, das riecht nach Brot, dann sagt jeder „sie essen Brot von Chinesien".
Ich möchte nicht gern nach Albanien zurück. Auch meine Eltern mögen noch hier bleiben.
Ich würde mir wünschen, daß ich für mich allein ein Haus kriege und dort kommen keine Menschen rein. Da sind viele Häuser außenrum in der Stadt. Niemand soll reinkommen.
Ich wünsche mir noch, daß mein Vater mit meiner Mutter ein Haus allein hat und ich mit meiner Schwester ein Haus allein hab und das ist nur in einem Haus.
O.k. der dritte Wunsch ist, daß ich für mein Zimmer Bilder male und die so an die Wand klebe. Ich hab nur ein Bild gemalt hier mit Susi. Das schaut voll schön aus, der Hund und der Mann und die Frau, die sind schön. Das hat die Susi gemalt, dann hab ich allein zwei Kinder gemalt.

Ich heiße Enis, bin 10 Jahre alt und komme aus Bosnien.
Wir haben dort ein Haus gehabt, mit Garten und Stühlen und Tischen draußen. Es war ganz gut, schön, es hat Spaß gemacht.
Unser Haus steht noch, aber da wohnt jemand drin, ich weiß nicht wer, manche Häuser sind verbrannt.
Ja, ich würde gern zurückgehen! Wir gehen auch vielleicht nächstes Jahr oder 1999, weil jetzt gibt es da noch Krieg.
Wünschen würd' ich mir nichts; was soll denn das? Ich kann mir nichts wünschen. Fußballkleider wünsch' ich mir, weil ich Fußball so mag. Fußball ist mein bester Sport. Die Kleider sind einfach rot und ich bin die Nummer sieben. Sonst würde ich nichts wünschen, nein! Nein nichts!

Ich bin Bajram, komme aus Albanien, ich bin 9 Jahre alt und habe vier Schwestern. Ich war damals drei Jahre alt und kann mich nicht an Albanien erinnern.
Meine kleinere Schwester, die hat voll Pech! Sie muß immer schlafen, den ganzen Tag und sie bekommt immer Schläge, am meisten. Sie hat heute Geburtstag, sie ist 2 Jahre. In der Schule, ja, da hab' ich viele Freunde.
Ich möchte gern nach Kosovo, da sind nette Menschen und ich hab' dort ganz viele Freunde.
Wenn wir nach Kosovo gehen, werde ich ein Zimmer allein haben, ganz allein! Wir gehen dieses Jahr, im Mai, einmal haben sie gesagt im April, dann haben sie gesagt im August, jetzt sagen sie, im Mai schicken sie uns weg. Wann ist Mai?

Ich heiße Kastriot, komme aus Albanien, bin 9 Jahre alt und habe fünf Geschwister.
Ich wohne zwei Jahre hier, bin aber schon fünf Jahre in Deutschland.
An Albanien und das Haus kann ich mich nicht ganz erinnern, ich war 3 oder 4 Jahre alt. Mein Vater hat mit Kühen gearbeitet. Er mußte für einen Mann immer auf die Kühe aufpassen. Immer so in den Bergen, damit sie Wiese fressen.
Ich wünsche mir, daß ich wieder nach Albanien gehe, wenn der Krieg aus ist, aber es ist noch Krieg. Dann, daß ich in der Schule immer gut bin und ich wünsch' mir auch, daß ich mal zu meinem Onkel gehe. Er wohnt hier, aber weit von hier, woanders; ich möchte mal zu ihm. Nach Albanien möchte ich gern, weil da meine Oma und mein Opa sind, und dort sind ja auch meine Freunde und mein Cousin; ich hab' ihn lang nicht gesehen, drum will ich da wieder hingehen. Meine Schwester sagt, es ist hier auch gut. Die anderen zwei Schwestern sind in Albanien geblieben, die sind ja schon groß.
Sie haben geschrieben, daß Albanien bald aufhört, Krieg zu machen.

Kreschnik, 12, aus Albanien, Kosovo

Fünf Jahre bin ich hier. Wo ich damals war, war's nicht schlecht, da war kein Krieg. Aber als ich nach Deutschland gezogen bin, da hat es angefangen mit dem Krieg.
Ich hatte fünf oder sechs Cousins, also die Häuser waren ganz nah. Jeder hat eine Wohnung mit den Eltern. Mein Vater, der hat zwei Brüder und die haben auch Frauen und Kinder und da sind wir viele. Wir wohnen alle zusammen, das ist gut. Sie wohnen alle in Albanien, nur wir sind nach Deutschland gegangen. Die sind alle in Albanien, nur zwei Cousins sind hier in Deutschland, die beiden sind hier, weil die sind erwachsen, ja und die sind hier. Mein Cousin hat eine Wohnung, er hat Asyl gewonnen. Zehn Jahre darf er in Deutschland bleiben, der darf schon bleiben, aber wir noch nicht. Wir haben nicht Asyl gewonnen, aber mein Cousin schon. Er hat nicht mal ein Jahr gebraucht, hat es schon gewonnen. Ich weiß nicht wie, aber es ist voll schnell. Wir haben nicht Asyl gewonnen, wir noch nicht.
Wir müssen bald weg hier, weil es wird eh bald gut in Albanien, bald ist kein Krieg mehr. Dann müssen wir weg, aber zuerst müssen wir noch ein Jahr bleiben.
Ich weiß nicht, ob meine Eltern lieber hier sind oder in Albanien. Albanien, hm – ja, da ist es nicht schlecht, weil da gibt es auch viele Kinder. Aber hier gibt es auch viele Kinder, hier ist es auch nicht schlecht. Ich mag lieber hier bleiben, weil wenn ich nach Albanien gehe, dann kann ich nicht sehr gut albanisch sprechen und lesen und schreiben. Auf deutsch kann ich das besser.
Im Heim geht's schon – aber zu viele kleine Kinder, die schreiben zu viel auf die Wand mit Stiften und da ist es schmutzig geworden. Wir haben zwei Zimmer, aber kleine.

Mein Vater darf nicht arbeiten, glaub' ich. Meine Mutter hat schon gearbeitet, sie dürfte, aber jetzt arbeitet sie nicht mehr, weil sie krank ist. Wenn sie immer arbeitet, dann wird sie immer krank und dann kann sie nicht mehr arbeiten, sie dürfte; aber sie kann nicht mehr. Sie hat geputzt und da ist sie immer kränker geworden und mußte zum Arzt. Und jetzt kann sie nicht mehr und jetzt arbeitet sie nicht mehr. Aber jetzt putzen wir hier die Küche, das ist ganz einfach, dauert nur 10 Minuten.

Etwas wünschen kann ich mir, und was überhaupt? Wünschen? Ich hätte mir vielleicht ein Paar gute Schuhe gewünscht. Ich hab' ein Paar gute Schuhe, aber ich mag nichts anderes. Ja, Spielzeug brauch' ich nicht. Vielleicht noch ein gutes, normales Fahrrad und ein kleines Auto, das man mit Batterie fahren kann, das so selbst fahren kann.

Hallo, ich bin der Asim,
ich bin 8 Jahre alt, ich komme aus Bosnien.
Ja, da waren viele Häuser, jetzt sind sie vielleicht kaputt.
Vielleicht ist der Krieg vorbei, vielleicht dauert noch ein bißchen.
Ich will nicht nach Bosnien, weil dort ist alles kaputt. Aber das wird ja dann wieder neu gebaut. Ja, wenn wieder alles gebaut wird, neu, dann werde ich gehen.
Meine Eltern, ja schon, die würden gern zurück.
Ich wünsche mir, ein Boß zu werden und noch ein König und ein Lamborghini-Auto zu haben, ein rotes. Oh Mann, so ein Boß von diesen Karate-Menschen, das ist geil!
Und als König sage ich einfach „gib mir Essen, gib mir das, und gib mir das".

**Hei –
ich bin Shukrije,** komme aus Kosovo und bin 12 Jahre alt.

Ich bin fünf Jahre hier in Deutschland. Ich bin Kosovo, nicht Albanerin. Ist ja fast gleich, hier sind wir alle wie die anderen.

Albanien oder hier, ist mir egal ... lieber hier bleiben. Ich bin fünf Jahre in diesem Heim und da habe ich halt gelernt, hier zu leben.

An Albanien, naja, kann ich mich nicht so gut erinnern, nicht so ganz gut. Da war so ein großes Haus und so ein großer Garten und voll viele Bäume, da hatten wir immer Angst, da waren Geister. Schau, die Toilette war ein bißchen weiter und wir mußten unseren Garten immer so sauber halten. Meine Schwester hat auf die andere Schwester gewartet, im Garten, und da war so ein Waschbecken bei uns draußen im Garten. Da ist eine Frau gekommen, die hatte so einen Hund in der Hand und die Frau, wenn du sie anfaßt, kann man nix anfassen, du kannst durch sie durchgehen. Meine Schwester sieht sie, und sie hat Angst, und die Frau hat so Kirschen und ein Messer in der Hand. Und meine Schwester hat sie gesehen und ist weggelaufen. Mein Vater, der war in Italien, weil der hat gearbeitet in Italien. Und so eine Frau nebenan hat gesagt, das stimmt schon, sie hat sie auch mal gesehen.

Aber jetzt hab' ich kein Haus, meine Mutter hat gesagt, im April kann das vielleicht sein, die schicken uns hier raus, weil in Kosovo gibt's erst mal keinen Krieg mehr.

Ich möchte gern zurück in die Schweiz.

Also, hier ist es schön, aber die halten das nicht so ganz sauber. Hinten sind die Mülltonnen neben unserem Fenster und es stinkt immer und wir können nicht die Fenster aufmachen. Wir haben zwei Zimmer, wir sind ja auch fünf Kinder. Wenn wir die Tür von unserem Zimmer aufmachen, dann stinkt es nach Klo. Entweder es stinkt nach Mülltonne oder es stinkt nach Klo.

Grüß' Gott meine Damen und Herren, **ich bin die Wahide.** Ich komme aus Afghanistan, ich bin 11 Jahre alt, ich wohne hier in einem Heim. Wir sind schon fünf Jahre lang in Deutschland, in diesem Heim hier. Ich hasse die Schule.

Wir haben in Kabul, der Hauptstadt von Afghanistan gewohnt. Mein Vater kommt aus Pakistan, also nicht aus Kabul, aber das ist uns egal, weil es mein Vater ist, meine Mutter kommt aus Kabul. Wir hatten eine Wohnung, für uns allein, da hat auch eine Zeitlang meine Oma mit uns gewohnt. Und bei uns da gab es viele Skorpione in der Wohnung. Mein Onkel, den hat ein Skorpion gestochen, und dann wollten wir noch schnell das Gift rausholen, aber das konnten wir nicht, weil das geht ins Blut, ja und dann ist er halt gestorben. Meine Mutter hat auch Krankheiten, deshalb sind wir nach Deutschland gekommen.

Und wenn es in Afghanistan ruhig wäre und alles, die Häuser und die Schulen wieder gebaut würden, dann würden wir wieder zurück gehen. Aber es geht nicht, es ist alles kaputt. Aber ich würde schon lieber wieder in meine Heimat.

Shukrije: Wer macht das? Afghanistan gegen Afghanistan?
Wahide: Nein! Es gibt so Leute, die Mudschahedin, und die machen das.
Shukrije: Aber die sind auch Leute von Afghanistan?
Wahide: Ja, die sind auch Afghanen.
Shukrije: So wie bei uns auch.
Wahide: Ja, wie bei euch!
Shukrije: Ja, wir sind aus Kosovo und die machen es auch so.
Wahide: Es sind auf jeden Fall verrückte Leute! Als wir da waren, gab's auch Krieg, nicht so stark, aber da haben sie auch Raketen geschossen. Also, ich bin mit sechs Jahren von dort weg. Es war total schön da, der Garten war ganz groß und alles ganz groß. Die Toilette war bei uns auch nicht im Haus, war halt im Nebenhaus und da mußte man halt immer in der Nacht hin.

Es gefällt mir schon hier, nur es ist ein bißchen schmutzig. Schon schmutzig, so die Toiletten, das kommt ja von den Kindern. Draußen ist schon eine schöne Landschaft und da sind Geschäfte, wenn man was braucht. Die Leute, die noch nicht ein Jahr da sind, die müssen halt so ein Paket nehmen. Es ist nur irgendwie nicht gut, weil wir haben nur ein Zimmer und da müssen wir auch lernen und schlafen, alle fünf, aber jetzt haben wir uns daran gewöhnt. Und in diesem Heim sind halt auch gute Familien und schlechte sind auch viele dabei.

Ich bin Orlenka, aus der Ukraine, bin 11 Jahre und fast fünf Jahre in Deutschland.
Wir hatten vier Zimmer, ein getrenntes Bad und ein getrenntes Klo und da konnte man überall durchgehen, immer im Kreis. Mein Vater ist Musiker, er schreibt selber Lieder und macht auch selber Melodien. Ein bißchen Musik macht er hier schon, er hat bei einer ukrainischen Frau zum Geburtstag gespielt, er kann Akkordeon und Klavier spielen. Als sie noch klein waren, so 17, da hat meine Mutter gesungen in einer Band und mein Vater hat gespielt.
Das Heim gefällt mir schon. Wir haben ein ganz schönes Zimmer, mit zwei Fenstern, eins ist rund. Nur die Toiletten ...
An dem Heim gefällt mir nicht, daß zum Beispiel der Diamant geht da um zwölf Uhr Rollschuhfahren im Korridor, in der Nacht, die sind so blöd da. Zuerst hat voll seine Mutter um ein Uhr in der Nacht immer gestaubsaugt, meine Mutter hat dann geschimpft mit ihr und sie haben dann voll schlechte Wörter zueinander gesagt. Es gefällt mir, weil hier so ein schöner Garten ist und ein Spielplatz, aber den muß man reparieren. Und hier ist 'ne Landschaft, der Garten, Berge, der See und ein Wald. Und es ist auch ein Grosso da, ganz nah und der Bahnhof ist nicht so weit.

Ich heiße Arlind,
werde 11 Jahre alt und komme aus Albanien, aus Tirana.
Fünf Jahre bin ich hier. Bei meinem besten Schulfreund war ich auch schon fünf oder zehn Mal bei seinem Haus. Er war noch nicht bei mir, er hat keine Zeit.
Im Heim ist es gut – aber nur schlecht wegen dem Lindan. Ein paar Sachen haben wir weggeworfen. Mein Bruder war positiv bei der Untersuchung und ich negativ. Er hat Lindan, ich nicht. Aber nichts haben sie gemacht mit uns. Mir gefällt' s hier gut, nur das Lindan ist schlecht.
Das mit dem einen Zimmer, das geht. Wenn wir ins Bett gehen, schlafen unsere Eltern halt auch, wir schlafen manchmal alle um acht.
Die Deutschen sprechen deutsch, und ich kann nicht so gut albanisch, die sind genauso nett wie bei uns, aber ein paar sind auch dumm.
Zu mir hat noch niemand Ausländer gesagt. Und wenn's jemand sagt, dann fotz' ich ihn zamm. Was ist ein Ausländer? Er ist auf fremden Land, da darf er nicht für immer bleiben. Er muß auch wieder weg zu seinem Heimatland.

Wenn wieder alles normal ist, gut, und es wieder mehr Sachen gibt, dann will ich schon zurück; meine Eltern, ich weiß nicht. In Albanien, dort gibt es nicht soviel, Früchte gibt's schon viele, aber Suppe und so was gibt's nicht soviel.
Gewünscht hätte ich mir Reichtum, dann hätte ich mir gewünscht, daß ich fliegen könnte. Und ich hätte mir... ich hätte mir ... noch dazu, dazu noch die ganze Welt gewünscht.
Daß ich der Chef von der ganzen Welt bin, daß alles Essen, alles Getreide zu mir kommt, den Rest dürfen sie dann behalten. Bloß, ich darf als erster kosten und dann erst sie.
Wer einen Krieg macht, bekommt die Todesstrafe.

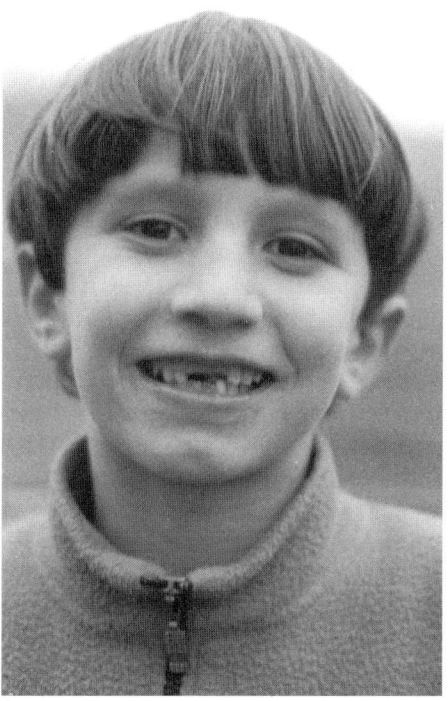

Frensis, ich bin 7 Jahre alt und komme aus Albanien.
In der Schule geht es schon gut. Ich habe vielleicht nur einen Freund, nicht so viele.
Es ist schon gut hier im Heim, hier sind viele Kinder. Manchmal spielen wir, gestern haben wir Pistole gespielt und Fußball. Blöd ist nur das Lindan, Norbert ist weggegangen. Er hat Glück, daß er nicht im Lindan bleiben muß; er ist umgezogen, er hat Glück gehabt. Wir sind dorthin gegangen und haben Blutuntersuchung gemacht. Ich habe Lindan, Medizin habe ich nicht bekommen.
Kakerlaken gibt es nicht so viele, beim Fernseher schon. Manchmal fangen wir sie in sowas Klebendem.

Wünschen tät' ich mir einen Porsche, und ein neues Haus, für uns allein, für unsere Familie; einfach so ein Haus, ein normales, groß und mit vielen Zimmern und einem Schlafzimmer, Küche, und noch ein Schwimmbad. Und, was wünsch ich mir noch – dieses Heim ohne Kakerlaken.

Gespräch zwischen Frensis und Arlind

Frensis: Dort ist es besser, in Albanien, weil wir feiern nicht Weihnachten, es ist besser, ich hasse Weihnachten.

Arlind: Wir feiern schon Weihnachten!

Frensis: Aber ich will es nicht! Wo Weihnachten war, haben wir gar nicht gefeiert.

Arlind: Doch, wir haben schon gefeiert.

Frensis: Wir haben nicht gefeiert!

Arlind: Wir haben schon gefeiert!

Frensis: Ja WIR haben gefeiert, aber HIER haben wir nicht gefeiert, HIEEER! Beim letzten Mal haben wir gefeiert in diesem Raum (Gemeinschaftsraum).

Arlind: Es war das Theater, das war fürs Weihnachtsfest dieses Jahr.

Ich: Hier im Haus sind doch viele Moslems, die feiern nicht Weihnachten wie die Christen.

Arlind: Bloß die Kinder wissen, was Weihnachten ist, jedes Kind hier weiß es.

Frensis: Ja und letztes Mal war hier Weihnachten!

Ich: Und den Kindern gefällt Weihnachten?

Frensis: Jaa! Es ist gut, aber wir haben kein Weihnachten.

Arlind: Die feiern Bajram wie wir Weihnachten, Bajram ist für sie Weihnachten.

Frensis: Silvester ist besser als Weihnachten!

Ich heiße Elvis, ich komme aus Bosnien, ich bin 13 Jahre alt.
Wir haben da ein Haus gehabt, in der Nähe der Stadt, da gab's auch Geschäfte und so weiter.
Mein Vater machte Maurerarbeit und so. Meine Mutter war zu Hause, mein Bruder war nur ein Jahr in der Schule, ich schon vier Jahre. Ich habe nur einen Opa, von meiner Mutter, die anderen sind alle gestorben. Der ist in Frankfurt, in einem Heim, aber da ist es ganz viel besser, die haben eine große Wohnung, drei Zimmer. Er wohnt da mit meinem Onkel, der hat da eine Frau und zwei Kinder.
    Meine Wünsche wären: nach Bosnien zurück; wenn ich groß bin, einen Führerschein und gut in der Schule sein.

Taolant, 11 Jahre, aus Kosovo.

Ich will nicht zurück, ich will hier bleiben. Aber eine andere Wohnung, nicht hier. Das wünsch ich mir; das ist mein Wunsch. Also meine Wünsche sind: erstens eine neue Wohnung, zweitens ein Millionär sein und drittens ... was wünsch ich mir ... und ich will, daß es schön ist: na, daß dort so ein Schwimmbad ist, daß warmes Wasser ist, da kann man dann schwimmen. Ja das wünsch ich mir, alles.

Wenn ich groß bin, kauf' ich mir zwei Autos, ein's für meinen Bruder, ein's für mich und wenn meine Kinder groß sind, dann kauf' ich ihnen auch eine Wohnung und ein Auto. Wir hatten zwanzig gelbe Hühner, so kleine gelbe, ja zwanzig und drei Hasen. Ja und in dem Haus, da war so eine Tür und da oben, da ist mein Nachbar und ich bin immer da hoch gegangen, um mit ihm zu spielen. Ja, das war ganz toll. Mein Vater war Arzt und Polizist. Er wollte nicht mehr Arzt sein, dann ist er Polizist geworden. Meine Mutter war Sekretärin.

Hier gefällt es mir nicht so gut. Warum, was weiß ich, ach Mann, was soll ich da sagen. Dort oben ein Mann, die lassen uns nicht schlafen, die gehen immer da oben und dann muß der Mann schreien.

Und immer wenn mein Vater Brot kaufen geht, dann kommt der zum Licht reparieren und ich weine immer, ich weine immer, ich hab Angst vor dem Mann. Ich weine immer.

Ich heiße Suzanna, ich bin 8 Jahre alt, aus Albanien.
Es gefällt mir gut hier und auch in der Schule geht's ganz gut. Spaß macht mir Mathematik, Schreiben und so, Plus und Minus. Gut ist die Hausaufgabenbetreuung. Im Zimmer ist es nicht gut, weil es viele Kakerlaken gibt. Besser, wenn man hier eine Wohnung hat.
Ich schlafe in dem ganz kleinen Bett und Edona schläft bei meinem Vater.
Wenn wir ins Bett gehen, schauen unsere Eltern fern. Sie machen das große Licht aus und schauen fernsehen und wir gehen schlafen. Das geht, der Fernseher ist nicht so groß und der leuchtet nicht so viel.
Manchmal schlafe ich um sieben, wenn ich Tom und Jerry schaue, manchmal um fünf. An Albanien kann ich mich erinnern, ja da hab ich viele Freunde gehabt, da haben wir Heiratsspiel gespielt. Da haben wir ein Kleid genommen und uns alle angezogen, ganz schön, und ein Mädchen hat ein weißes Kleid und da hat sie mich so angezogen und dann haben wir Heirat gespielt.
Und dann sind wir nach Deutschland gekommen, da war mein Opa da und da haben wir uns voll erschreckt in der Nacht und dann haben wir uns verletzt in den Augen und so. Weil da die Vögel pfeifen in der Nacht und da war ein Schwimmbad und da drin war ein ganz dünner Stock und da hab ich mich erschreckt, da wo wir hier rüberkonnten nach Deutschland. Und da sind wir zu meinen Opa gegangen, der ist schon fünfundzwanzig Jahre in Deutschland, er hat eine Wohnung.
Ich möchte nicht zurück, lieber hier bleiben, weil hier ist es besser.
Meine Mutter will nicht zurück, weil es ist nicht so schön da, da ist es ganz häßlich. Ich glaube, da haben wir ein Foto von Albanien.
Wenn ich drei Wünsche frei hätte, wollte ich ein Barbiehaus und Barbiespielzeug und Kleider, Barbiekleider und Kleider für mich, und ein Barbiehaus, ein ganz großes.

Feuer. 9-jähriger Junge aus Bosnien. Ein Mann versucht, das brennende Haus zu löschen. In einem späteren Bild malte er das gelbe Haus mit rotem Dach. **Haus mit Feuerwerk.** Die elektrische Lichterkette steht unter Strom und soll das Haus vor Angreifern schützen.

Kriegsschauplatz. 12-jähriger Junge aus Bosnien. *Darstellung von selbst erfahrenen Kriegserlebnissen in Bosnien.* Später malte er **Das Rote Pferd.** *Positive Erinnerungen an sein zurückgelassenes Pferd, das symbolisch für ihn auch Kraft und Stärke darstellt. Hier ist deutlich zusehen, daß durch die Therapie ein Sprung und eine Weiterentwicklung der Persönlichkeit möglich wurde.*

Hügel und Felder in Kosovo-Albanien. 12-jähriges Mädchen aus Albanien.

Kunsttherapie mit Flüchtlingskindern

Beate Schneider-Geweke

„Und Kinder wachsen auf mit tiefen Augen. Die von nichts wissen, wachsen auf und sterben. Und alle Menschen gehen ihre Wege."

Mit diesem Zitat von Hugo von Hoffmannsthal möchte ich auf die Bedürftigkeit von Flüchtlingskindern hinweisen und auf die Notwendigkeit, sich ihrer anzunehmen.

Seit 2 Jahren arbeite ich mit Kindern, die in einem Asylbewerberheim leben, in kunsttherapeutischen Malgruppen.
    Kunsttherapie ist eine Therapieform, die als Methode die bildnerischen Mittel (Zeichnen, Malen, Plastizieren, Drucken) verwendet. Im Mittelpunkt steht dabei die jedem Menschen eigene Kreativität als ein

Persönlichkeitsmerkmal, das Lebensgestaltung und Lebensbewältigung grundlegend mitbestimmt. Beim therapeutischen Gestalten ist der persönliche Ausdruck am wichtigsten, wobei es nicht um technische Perfektion geht, sondern um den Fluß des Gestaltungsprozesses selbst.

Kinder können durch den individuellen Malprozeß bewußte und unbewußte Erlebnisse, die emotional unterschiedlich besetzt sind, ausdrücken und somit sichtbar machen. Dies geschieht nonverbal und bedarf daher keiner Sprachkenntnisse.

Während des Malens können Situationen und Erlebnisse aus dem Alltag der Kinder symbolhaft verändert werden. Auf dem Papier kann das Kind schwierige Begebenheiten aus seinem Leben wie Ängste und Bedrohungen malen und sich davon befreien. Hierbei können traumatische Erlebnisse reaktiviert und im kreativen Gestaltungsprozeß bewältigt und integriert werden. Ist das geschehen, besteht für das Kind die Möglichkeit, dies auf seine gegebene Lebenssituation zu übertragen, wodurch es sich freier, stärker und mutiger fühlen mag. Dieser Prozeß ist oft ein langer Weg, der eines vertrauensvollen Rahmens und achtsamer Unterstützung bedarf.

Lebenssituation der Kinder

Die meisten Kinder der Flüchtlingsunterkunft kommen aus Bosnien, Albanien und Syrien. Fast alle Kinder sind mit beiden Elternteilen nach Deutschland gekommen. Viele von ihnen leben seit annähernd 2 Jahren hier. Für die Kinder und Eltern bedeutete die Flucht aus der Heimat eine große Lebensumstellung. Die erste Euphorie, durch Flucht unterschiedlichen Bedrohungen entkommen zu sein, wird von den realen Umständen und Erinnerungen überschattet. Die Eltern sind oft hilflos, müssen sich im fremden Land mit den Sprachbarrieren, der Enge und dem Lärm des Heims zurechtfinden, dem Zurücklassen von Freunden und Verwandten mit ungewissem Lebensschicksal. Die meisten Eltern lebten zuhause mit mehreren Familienmitgliedern zusammen. In Deutschland wird die Beziehung zum Ehepartner unter ganz neue Bedingungen gestellt. Von diesen Anforderungen innerer und äußerer Art sind die Eltern völlig absorbiert, was zu Spannungen führt. Dabei bleibt manchmal wenig Platz für das eigene Kind oder die Kinder.

Im Flüchtlingsheim leben alle Familienmitglieder meist in nur einem Zimmer zusammen und sind somit räumlich sehr eingeschränkt. Durch die Vielzahl der Bewohner in der Unterkunft ist der Lärmpegel sehr hoch.

Arbeit und Arbeitsbedingungen

Die äußeren Rahmenbedingungen für therapeutische Gruppen sind schlecht. Als Arbeitsraum steht uns der allgemeine Aufenthaltsraum der Unterkunft zur Verfügung. Hierbei hat sich der Schlüssel als sehr wichtig erwiesen, durch den der eigentlich für jeden zugängliche Raum zu einem geschützten Platz für die Kinder wird. Ich entschloß mich, kleine Gruppen zu bilden, um den Kindern genügend „räumlichen" Platz und die erforderliche Zuwendung geben zu können. Freundschaftliche Beziehungen berücksichtigte ich dabei, soweit mir diese bekannt waren. Es bildeten sich anfangs zwei Gruppen mit 4 bis 6jährigen Kindern, die später durch Umzug in andere Heime nur noch aus Jungen bestanden.

Anfangs waren manche von ihnen noch schüchtern und stark auf ihre Mütter bezogen. Einige unterbrachen die Malstunde und liefen öfter aus dem Zimmer. Unsere sprachliche Verständigung war zunächst schwierig. Die Kinder waren erst wenige Monate in Deutschland und besuchten keinen Kindergarten. Mit ihren Eltern unterhielten sie sich in ihrer Muttersprache. Nur wenn ältere Geschwister durch ihren Schulbesuch bereits Deutsch sprechen konnten, war es den jüngeren Geschwistern möglich, ein wenig mehr in der neuen Sprache zu verstehen. So versuchte ich, mich mit Gesten und Gebärden zu verständigen.

Die meisten der Kinder waren sofort begeistert zu malen. Ich hatte das Gefühl, daß es sie regelrecht danach „drängte". Dabei fiel mir ein kleiner, inzwischen 5jähriger Junge aus Albanien auf. Samir wirkte sehr zart und schüchtern. Oft hatte ich das Gefühl, daß er sich in seine „innere" Welt zurückgezogen hatte und „abwesend" war. In den ersten Wochen saß er nur als Zuschauer dabei und staunte darüber, was die anderen Jungen seiner Gruppe so alles malten und erzählten. Anfangs verstand er nur wenig in deutscher Sprache, er lernte schnell und nach einigen Wochen konnte er sich bereits gut verständigen. Seine ersten Bilder entstanden mit Wachskreiden. Fast immer benutzte er dabei nur eine Farbe und saß lang an einem Bild. Samir beobachtete dabei die anderen und hatte Mühe, sich seinem eigenen Blatt zuzuwenden. Die ersten Bilder, die entstanden, waren nur wenig bemalt. Ein zaghafter Strich, der sich zu einem Knäuel verdichtete, fand im Lauf der folgenden Zeit immer mehr Ausdehnung. Samir, immer noch fixiert auf einen Farbton, meistens war es ein dunkleres Rot, malte mit Wasserfarben zusehends mehr Farbflächen auf das Papier. Sein Vertrauen in die Umgebung wuchs und seine anfängliche Schüchternheit wurde durch sein besseres Sprachverständnis, das zunehmende Kennenlernen der anderen Kinder und dem wachsenden Zutrauen zu mir verringert.

Nach mehr als einem Jahr tauchte in seinen Bildern zum erstenmal schwarze Farbe in Kombination mit einer großen grünen Fläche auf. Samir redete sehr viel beim Malen, war aufgeregt, er schien „innerlich" am Malprozeß stark beteiligt zu sein und wollte unbedingt noch ein weiteres Bild malen. Es entstand eine völlig schwarze Fläche.

In der nächsten Gruppenstunde war Samir sehr begierig zu malen. Inzwischen interessierten ihn Formen, die Buchstaben ähneln. Er wählte grüne Farbe und malte mit den Wasserfarben ein ganzes Bild mit buchstabenähnlichen Zeichen. Schnell bemalte er ein zweites Blatt. Dabei tauchte er seinen grünen Farbpinsel in Gelb, was eine Mischung aus Grün und Gelb ergab. Diesen beiden Bildern folgten noch fünf weitere in gelber Farbe. Die letzten beiden Blätter waren mit gelber Farbe ausgemalt. Wir legten alle Bilder auf dem Boden aus. Samir freute sich über die Vielzahl und wollte noch viel mehr Blätter malen und damit das ganze Zimmer auslegen. Die Ausdehnung des Gelbs durch die Menge der Bilder kannte nur die Grenze des Raums und die Begrenzung der Stunde. Er war stolz, fühlte sich stark und meinte: „Ich bin Superman".

In der darauffolgenden Stunde malte er ein Bild, auf dem Umrisse von Schwertern sichtbar wurden. Es folgte ein zweites Blatt, auf dem sehr ausdrucksstark mit Kreide ein Schwert dargestellt wurde. Samir fühlte sich nun stark genug zu kämpfen. Rückblickend habe ich den Eindruck, daß er sich durch eine Menge von Belastungen und Ängsten durchgekämpft hatte.

„Wo finde ich einen Platz für mich?"

Von den kleinen Kindern kann sich keines mehr genau an den Fluchtweg und das Heimatland erinnern. Sie identifizieren sich sehr stark mit den elterlichen Gefühlen und übernehmen sie. Über diese wird mit anderen nicht gesprochen. Bei einigen dauert es lang, bis sie etwas über ihre Ängste erzählen können.

Als ebenso hilfreiches Material, um Spannungen und Aggressionen abzubauen, bietet sich Ton an. Er wird von den Kindern zunächst kräftig auf den Tisch geschlagen, von manchen sogar mit Füßen getreten. Wenn der Spannungsdruck vorüber ist, wird es für die Kinder möglich, daraus etwas zu formen. Meistens sind es Kugeln, die Bedeutung von Bällen und Kanonenkugeln gleichzeitig haben. Häufige Motive sind auch Häuser mit Umzäunung, Tiere und Figuren, die als Männer bezeichnet werden. Im Spiel mit den entstandenen Gegenständen werden Kämpfe ausgetragen und dadurch blockierte Aggressionen ausgelebt.

Bei älteren Kindern sind die Darstellungen differenzierter und die Inhalte stammen oftmals direkt aus dem Leben vor der Flucht. Im Vergleich zu den kleinen Kindern haben sie genauere und bewußtere Erinnerungen, die von manchen auch verdrängt werden. Beim Einstieg ins Malen sind sie eher zaghaft. Dies zeigt sich auch in der Wahl des Materials. Sie greifen zu den besser kontrollierbaren Bleistiften und Wachskreiden. Auch spiegelt sich dies in der Proportion von Bildgegenstand und Bildformat wider: Figuren und Gegenstände erscheinen winzig klein und wirken verloren in der großen Bildfläche. Zwei Erfahrungswelten müssen besonders die älteren Kinder miteinander verbinden: das Leben vor der Flucht aus ihrer Heimat und das Leben in Deutschland, das in der Schule und im Heim stattfindet. Dies bedarf eines längeren Prozesses. Mit zunehmender Beherrschung der neuen Sprache erobern sie sich allmählich ihren Platz. Aber auch dieser Zuwachs hat wenig Zukunftsperspektive. Er ist gefährdet durch die Rückführung in die Heimat. Die Kinder fühlen sich im Spannungsfeld dieser beiden Welten. Es fällt ihnen schwer, die inzwischen vertrauten Schulfreunde wieder zu verlassen. Erwartungen, Ängste und Wut werden in ihren Bildern immer wieder sichtbar und wechseln sich ab mit Hoffnungen und Wünschen auf einen sicheren Platz zum Leben. Wenigstens ist ihnen vielleicht durch die Erfahrung des kreativen Gestaltens die Möglichkeit eröffnet worden, einen „inneren Platz" zu finden, der sie zunehmend gegenüber den äußeren Veränderungen stärkt.

Vielleicht war und wird dies für manche möglich.

Shukriye, 8 Jahre, aus Kosovo.

Überlebenskampf
Probleme durch Flucht und deren Überwindung

Dr. med. Hans-Jürgen Groebner

Therapie eines Jugendlichen

Es wurde Robert über den tatsächlichen Zweck der Reise nach Deutschland nicht die Wahrheit gesagt. Man sagte ihm nur, daß dort Verwandte besucht werden sollten. Deshalb gab es für ihn keinen Grund, Abschied zu nehmen von seinen Freunden, von zurückbleibenden Familienangehörigen, von Nachbarn und von dem Ort, an dem er aufgewachsen war. Damals war er vierzehn Jahre alt.

Heute ist er zwanzig, seit sechs Jahren in Deutschland und hat in dieser Zeit sieben Ortswechsel, elf Wohnungsumzüge und acht Schulwechsel hinter sich.

In seinem Herkunftsland gehörte seine Familie seit Generationen zu einer ethnischen Minderheit, wurde diskriminiert und von der allgegenwärtigen Geheimpolizei bespitzelt. Dies führte in der Familie dazu, daß man sich eng zusammenschloß und nach außen mißtrauisch war, auch ihm den Kontakt mit bestimmten Menschen verbot. Über vieles durfte er mit anderen nicht sprechen. Seine Lebenssituation wurde ihm frühzeitig als von außen bedroht vermittelt. Die Erwachsenen der Familie – er lebte als Einzelkind mit seiner Mutter und den Großeltern gemeinsam – hatten selbst Ängste oder überspielten diese durch rigides, autoritäres Verhalten ihm gegenüber. Bei Konflikten und Enttäuschungen draußen wurde ihm der Rückzug in den Binnenraum der Familie ermöglicht, so daß er z.B. die Schule unregelmäßig besuchte. In diesem Spannungsfeld schwankte er zwischen Ängsten und aggressiven Ausbrüchen zu Hause.

Robert, der körperlich kräftig und sportlich war und ist, erlebte andererseits in seinem Herkunftsland eine Zeit, in der er zusammen mit anderen Kindern und Jugendlichen vom Regime sehr gefördert wurde. Seine sportlichen Erfolge zählten für das Regime mehr als seine schulischen Leistungen. Es gab also auch eine Gemeinschaft, in der er akzeptiert und anerkannt war.

Deutschland, in dem bereits Verwandte Zuflucht gefunden hatten, wurde idealisiert. Dort wäre ein Leben ohne Bedrohung, ohne Verzicht möglich.

Hier in Deutschland wechselten die Wohnorte und Wohnformen zunächst sehr schnell. Während die Familie (der Großvater blieb im Herkunftsland und verstarb dort später) gestern noch in einer Turnhalle zwischen Stellwänden hauste, wurde sie heute schon in ein ehemaliges Luxus-Hotel einquartiert. Die Wechsel waren jeweils mit aufwendigen behördlichen Abläufen verbunden. Die später zugewiesenen Wohnungen lagen immer in Wohnbezirken für Familien mit besonderen sozialen Belastungen. Gewalt, Alkoholprobleme und permanenter Lärm gehörten zu Roberts Alltagserfahrung. Zeitweilig zog er sich davor ängstlich zurück, zeitweilig nahm er in einer Jugend-Clique daran teil, zeitweilig wehrte er sich aggressiv dagegen.

Die von der Familie in Deutschland für alle Lebensbereiche erhoffte Erleichterung und persönliche Anerkennung blieben aus. Keine freudige Aufnahme, keine hilfreiche Begleitung, sondern meist unwillige Abfertigung in Richtung Ausgrenzung.

Die Energien der Familie schwanden allmählich, ihre Offenheit und Integrationsbereitschaft nahmen ab. Es stellte sich wieder das frühere Mißtrauen gegenüber den Behörden und der Umgebung ein. Seine Großmutter, die aus dem Herkunftsland eine dort nicht angemessen behandelte Erkrankung mitgebracht hatte, verstarb.

Die gerichtlichen Auseinandersetzungen zur Anerkennung des Flüchtlingsstatus zogen sich in die Länge. Nach positiver gerichtlicher Entscheidung in der 1. Instanz wurde ein wichtiger Termin durch Mitverschulden eines hinzugezogenen Rechtsanwaltes versäumt. Der bereits ausgehändigte Paß wurde wieder eingezogen. Der Aufenthalt in Deutschland ist auch jetzt noch von Ausweisung bedroht. – Robert entwickelte nach ca. eineinhalb Jahren in Deutschland psychosomatische Darmbeschwerden, ging nach dem vierten Schulwechsel nicht mehr zur Schule und zog sich depressiv zu Hause zurück. Mehrfach wurde er daraufhin von seiner Mutter in der Ambulanz einer jugendpsychiatrischen Klinik vorgestellt. Dort hielt man wegen Suizidgefährdung eine stationäre Behandlung für notwendig. Diese wollten Robert und seine Mutter jedoch nicht. Schließlich kam er über Umwege in die hiesige sozialpsychiatrische Betreuung und Psychotherapie.

Dynamik und therapeutischer Prozeß

Der gelungene Migrationsprozeß erfordert, daß ein funktionierendes Ich in der Lage ist, schmerzliche Verlusterfahrungen zu verarbeiten und notwendige Anpassungsleistungen in einer unbekannten, ängstigenden Umgebung zu erbringen. Migration wurde für Robert zu einer traumatischen Erfahrung, die auch jetzt noch weiter wirkt.

Als besonders positive Grundvoraussetzung für die Behandlung brachte Robert eine sehr hohe sprachliche Kompetenz mit, so daß er sich von Anfang an differenziert mitteilen konnte. Der therapeutische Zugang wurde auch dadurch erleichtert, daß der Therapeut selbst in seiner Kindheit die traumatische Erfahrung von Flucht und Integrationsanforderungen, also ebenfalls einen Migrationsprozeß, erlebt hatte. Für die Therapie war es notwendig, die den Migrationsprozeß **erschwerenden Faktoren** zu erkennen und darauf eingehen zu können. Diese sollen wie folgt beschrieben werden.

Bedrohte psychosoziale Identität der Familie im Herkunftsland: Die Familie kommt aus einem Land mit einem damals totalitären Regime, das Anpassung und Unterordnung verlangte. Zusätzlich gehörte sie dort zu einer bedrohten ethnischen Minderheit. Für den Jugendlichen bedeutete dies, sich als Außenseiter erleben zu müssen. Die neurotischen Strukturen in der Familie mit phobischen Ängsten auf Seiten der weiblichen Familienmitglieder und rigidem autoritär-aggressivem Stil auf Seiten der männlichen Familienmitglieder wurden durch die äußere Bedrohung verstärkt. Familieninterne, wechselseitige Abhängigkeit einerseits sowie Abschottung und Mißtrauen nach außen andererseits waren durch die politische Situation mitbedingt und fixiert.

Im therapeutischen Vorgehen war als erstes ein intensives Nachfragen nach der Geschichte und der Lebenssituation der Familie unter den schwierigen politischen Bedingungen notwendig. Die Besonderheiten der soziokulturellen Herkunft mußten erst erkannt und respektiert werden, bevor auf die familiären, neurotischen Beziehungsstrukturen eingegangen werden konnte. Für den Therapeuten bedeutete dies, Lernen und Staunen zu können und die Andersartigkeit eines Fremden bewahrend anerkennen zu können.

Ausreise ohne Abschiednehmen: Dadurch, daß Robert körperlich sehr kräftig und sportlich war, gab es für ihn in seinem Herkunftsland auch positive Identifikationsbereiche mit dem Gefühl sozialer Zugehörigkeit und narzißtischer Bestärkung. Dies war neben den Erfahrungen der Vertrautheit an seinem dortigen Lebensort ein wichtiges Gefühl von „Heimat".

Robert brauchte in der Therapie die Möglichkeit, seine Trauer über den Verlust der dortigen Zugehörigkeit und Anerkennung zum Ausdruck bringen zu können. Erst als dies geschehen war, war er in der Lage, auch hier über sportliche Aktivitäten Kontakte zu knüpfen und vorsichtige Freundschaften zu entwickeln.

Das Land seiner Herkunft hat er nicht mehr besucht, obwohl dies inzwischen grundsätzlich möglich wäre. Von dort konnte er noch nicht Abschied nehmen, da sein Aufenthalt in Deutschland ungesichert ist. Er muß damit rechnen, wieder zurückkehren zu müssen.

Orientierungs- und Identitätssuche in der Adoleszenz: Die adoleszente Entwicklung bringt bei normalen Lebensbedingungen phasenspezifische Verunsicherungen mit sich. Die Kindheitsidentifikationen werden in dieser Entwicklungszeit überprüft und soziale Normen werden teils abgelehnt, teils in das Ich übernommen. Rein äußerlich zeigte Robert diese Verunsicherung in extremer Weise.

Erschien er gestern im Anzug, kam er heute als Rocker gekleidet. Während er heute die Mitarbeit bei einer fragwürdigen Investment-Firma feierte, arbeitete er morgen plötzlich auf dem Bau. Diese starken Schwankungen hatten einerseits mit seiner adoleszenten Identitätssuche zu tun, resultierten aber andererseits auch daraus, daß er sich in den Bedingungen einer Konsumgesellschaft, die alle denkbaren Möglichkeiten verspricht, zurechtfinden mußte. Im therapeutischen Umgang mit ihm war es wichtig, daß er sich trotz extremer Identitätssuche als eigenständige Persönlichkeit mit seinen Gefühlen und Fähigkeiten spüren konnte. Er bedurfte auch in der Therapie der Anleitung und Beratung im Umgang mit den Möglichkeiten und Gefährdungen unserer kapitalistischen Konsumgesellschaft, um ihn vor existentiell und finanziell gefährdenden Situationen bewahren zu können. Robert mußte erst seine Erfahrungen machen, bevor er sich – auf die eigenen Kräfte besinnend – auf das Nachholen einer qualifizierten Schulausbildung einlassen konnte.

Neurotische Störungen in der Familie: Die neurotischen Störungen in der Familie waren durch die politische Situation mitbedingt und fixiert. In dem totalitären Regime befand sich die Familie unter hohem Druck.

Insbesondere die männlichen Familienmitglieder kompensierten diesen durch eigene omnipotente Darstellung und auch Gewaltausübung innerhalb der Familie. Robert selbst hatte auf diesem Hintergrund eine narzißtische Störung entwickelt, die in Deutschland dann gravierend wurde, als die erhoffte Anerkennung und „Erlösung" für ihn und seine Familie ausblieb.

Seine hohe Verletzbarkeit und in Folge davon Wut, die ihn sofort alles als gegen sich gerichtet erleben ließ, soll hier an zwei Beispielen beschrieben werden:

Robert griff hier sportliche Aktivitäten wieder auf, joggte eines Morgens durch einen Park. Ein Hund, ein Boxer, rannte bellend hinter ihm her. Robert war so erschrocken und wütend, daß er sich auf den Hund warf und ihm das Maul zuhielt. Der Besitzer bat ängstlich um die Freigabe seines winselnden Hundes.

Robert besuchte den Vorbereitungskurs für den Qualifizierenden Hauptschulabschluß. Dabei mußte er den Lehrsatz des Pythagoras lernen. Wütend beschwerte er sich bei dem verdutzten Mathematiklehrer darüber, daß Pythagoras mit seinem jahrhundertealten Lehrsatz ihn jetzt noch quäle.

Robert lächelt heute über diese Erfahrungen. Er kann inzwischen – nach vier Jahren therapeutischer Arbeit – solche Frustrationen leichter verkraften (und hat seit kurzem viel Interesse an der Bewältigung mathematischer Aufgaben).

Feindseligkeit und Ausgrenzungsbedrohung im Ankunftsland Deutschland: Für das Ingangkommen des therapeutischen Prozesses war es von entscheidender Bedeutung, daß die schlimmen Erfahrungen in Deutschland durch den häufigen Wechsel des Wohnortes, die Unfreundlichkeit, den herabsetzenden Umgang und die permanenten Ausgrenzungsandrohungen durch Behörden und Ämter zur Sprache kamen. Für den Therapeuten wurde dadurch insbesondere nachvollziehbar, daß der Jugendliche selbst dabei von „Überlebenskampf" sprach. Ein Kampf, der mit Hilfe eines einzelnen Therapeuten nicht bestanden werden konnte. Dafür bedurfte es weiterer engagierter Partner und konkreter Hilfestellungen.

Ohne **sozialpsychiatrisches Verständnis und Vorgehen** wäre es nicht möglich geworden, Robert wirksam (auch therapeutisch) helfen zu können. Dabei war es für den Therapeuten notwendig, im Jugendamt, in der Schule und im juristischen Bereich engagierte Partner zu gewinnen. Dies gelingt dann, wenn ein gemeinsames Menschenbild zwischen diesen

Partnern erkennbar wird. Konkret bedeutete dies die Bereitschaft, Robert mit seiner schwierigen, besonderen Geschichte zu verstehen, ihm die Integration zu ermöglichen und Ausgrenzung unbedingt zu verhindern. Die Jugendamtsmitarbeiterin setzte sich dafür ein, daß für Robert, trotz Überschreitung des 18. Lebensjahres, über die Jugendhilfe „betreutes Einzelwohnen" finanziert wurde. Des weiteren ermöglichte sie die Finanzierung seiner schulischen Förderung in einer pädagogisch engagierten Privatschule. Der Schuldirektor war bereit, auf die Besonderheiten des Jugendlichen einzugehen. Er erarbeitete mit ihm ein passendes Lerncurriculum und bestärkte ihn in seinen Fortschritten sehr positiv. So gelang ihm dort der „Quali". Jetzt ist Robert in der Vorbereitung auf den Realschulabschluß. Um die Klärung und rechtliche Absicherung seines Aufenthalts kümmerte sich ein Rechtsanwalt, der sich nicht nur fachlich mit Asylrecht und Flüchtlingsfragen gut auskannte, sondern den Jugendlichen persönlich begleitete, wenn es um angstmachende Behördengänge z.B. zu Bezirksinspektionen ging.

Schlußbemerkung

Robert hat inzwischen den „Überlebenskampf" geschafft. Es ist ihm möglich geworden, die eigenen Kräfte und Fähigkeiten wieder und neu zu entdecken, so daß er auch woanders überlebensfähig wäre. Die beteiligten Fachleute, Therapeut, Sozialpädagogin, Lehrer und Rechtsanwalt sind durch die Erfahrungen mit ihm bereichert worden. Sie sind aufmerksamer geworden für gesellschaftliche Ausgrenzungsprozesse. Sie haben den Mut gewonnen, sich über politische, berufliche und soziokulturelle Unterschiede hinweg für die Verwirklichung eines gemeinsamen Menschenbildes einzusetzen – ein Menschenbild, das es ermöglicht, „Fremden" Interesse und Verständnis entgegenzubringen, so daß sie hier mit uns *„ohne Angst anders sein können"* (Adorno).

Trauma und Überlebenskunst

Peter Bründl

*„Wer gefoltert wurde, bleibt gefoltert.
Wer Folter erlag, kann nicht heimisch
werden in der Welt.
Die Schmach der Vernichtung läßt sich
nicht austilgen.
Das zum Teil schon mit dem ersten
Schlag, in vollem Umfang aber
schließlich in der Tortur eingestürzte
Weltvertrauen wird nicht
wiedergewonnen."*
Jean Amery

Wir nähern uns dem Ende eines Jahrhunderts, von dem hoffnungsvolle Hoffnungsträger wie Siegfried Bernfeld, Anna Freud, August Aichhorn u.v.a.m. anfänglich angenommen hatten, es würde das „Jahrhundert des Kindes" werden: ein Jahrhundert, in dem frei und liebevoll erzogene Kinder zu erwachsenen Menschen heranwachsen können, die mit ihren Mitmenschen menschlich umgehen können.

Aber das 20. Jahrhundert ist uns allen zum Jahrhundert von Auschwitz und Hiroshima geworden: zwei Ortsnamen, die wir gewohnt worden sind auszusprechen, um den systematisch herbeigeführten und gewollten Mord von Abermillionen Menschen zu bezeichnen, mit ihren unwiederbringlichen Kräften, Begabungen und Geschichten – Mord in entmenschlichenden High-Tech-Verfahren.

Im 20. Jahrhundert, dem Jahrhundert der sich durchsetzenden Völkermorde (an Armeniern, an Juden, an Muslimen, Serben und Kroaten, an Völkern in Afrika, Indochina u.a.m.) ist jeder Mensch in seinem Überlebenskern tief verletzt worden, weil das seit Menschengedenken gesichert erlebte Grundgefühl: das Leben der Menschen wird weitergehen, auch wenn der einzelne und die jeweiligen Generationen sterben müssen, durch Hiroshima und Auschwitz uns in verheerender Weise entzogen ist. Das stets reproduzierbare und konkret umsetzbare Wissen um die Herstellbarkeit der nicht wiedergutzumachenden Vernichtung der ganzen Menschheit durch die Menschen mit ihren atomaren, chemischen, biologischen und sonstigen Overkill-Massenvernichtungstechnologien und um die die Umwelt zerstörenden Technologien läßt sich nicht mehr aus der Welt schaffen. Vielmehr droht dieses Wissen, wie die Zeitgeschichte nahe legt, unheimlich und fast zwangsläufig immer wieder aufzutauchen und sich durchsetzen zu wollen. Und es wird zunehmend deutlich, daß es hauptsächlich die Zivilbevölkerung ist, auf die die militärisch durchgeführten Vernichtungsprozesse gerichtet sind.

Die Anzahl der Kinder und Jugendlichen, die Opfer von Krieg und Verfolgung wurden oder als Kindersoldaten mißbraucht und ihrerseits der Vernichtung preisgegeben wurden, ist unvorstellbar gewachsen. Und immer mehr Kinder werden in Katastrophen hineingerissen, dort geschädigt, mißhandelt, verstümmelt und vernichtet; Katastrophen, die von Menschen aus politischen Gründen herbeigeführt worden sind.

Dementsprechend wächst die Zahl der Flüchtlinge, die aus Katastrophengebieten in Zonen relativer Sicherheit gelangen.

Flüchtlingskinder waren und sind stets Opfer unmenschlicher Gewalt von Menschen gegenüber Menschen. Diese Kinder wissen, daß besonders ihr Wunsch zu leben bei ihren mörderischen Verfolgern keine Resonanz findet und sie zur Vernichtung preisgegeben sind, gerade weil sie Kinder sind. Damit wird in ihnen die grundlegende Bindung an das Leben durch die erlebte Einfühlung eines Gegenübers in das Kreativ-Weiterlebenwollen des Kindes in einer verheerenden Weise zerstört.

Im Zentrum der extremen seelischen Erfahrung des Flüchtlingskindes liegt das fortbestehende, wenn auch möglicherweise später nicht bewußt erinnerbare Wissen darum, daß der Gewalttätige sich weigert, das grundlegend Menschliche im Flüchtlingskind anzuerkennen. Wie alle Schwertraumatisierten – nicht unähnlich den unzähligen Kindern, die in ihren Familien von nahestehenden Familienmitgliedern gewalttätig mißbraucht und immer wieder an den Rand des seelischen und körperlichen Überlebens gestoßen werden, nicht unähnlich den Shoa-Überlebenden – leiden diese Kinder andauernd und fortdauernd an ungeheuren seelischen Schmerzen, deren Wahrnehmung sie selbst oft übersteigt, in die einzufühlen sich die „anderen" oft retraumatisierend weigern. Immer wieder werden sie überschwemmt von bodenlosen Gefühlen der Hilflosigkeit, von Schmerz, Verzweiflung, Wut und Rache.

Flüchtlingskinder sind aber zugleich Überlebende mit ungewöhnli-

chen Stärken. Sie entwickeln als Überlebende ungeahnte und unvorhersehbare Fähigkeiten, sich besonders gut anzupassen; sie verfügen über ein besonderes Potential, sich der Verfolgung zu widersetzen und zu überleben.

Sie sind Überlebenskünstler. Sie nutzen all die Heilungsmöglichkeiten, die sie aus ihrer menschlichen Umwelt ziehen wollen, können und müssen.

In einer für das Kind mit seiner jeweiligen Begabung sinnvollen Weise versucht es, seine Erfahrungen von Überleben in Todesnähe, Ausweglosigkeit und unwiederbringlichen Verlusten zu meistern.

Den existenzbedrohenden Mangel kreativ wandeln zu können, bzw. die Erfahrung des Wandelns durch andere mit anderen teilen zu können, hat sicherlich dazu beigetragen, daß ein auffallend hoher Prozentsatz von jüdischen Kindern, die den von Deutschland ausgehenden lebensvernichtenden Terror überlebten – und oft lebenslang mit dem Schmerz leben, nicht zu verstehen, warum gerade sie überleben mußten – notwendig zu Künstlern wurden.

Kinder, die diese Verfolgungen und Entbehrungen überlebten, Hunger und Kälte, extrem unhygienische Verhältnisse, Krankheit, Trennung von ihren Familien, Morde und Gewalttaten, erlitten damit einen verheerenden Angriff auf den Kern ihrer kindlichen Existenz, der oft zu Apathie und dem Wunsch nach einem friedlichen, nicht von Überlebensschuld durchtränkten, Tod führte.

"Fehlen von privatem Raum, Beeinträchtigung der Selbsterhaltung durch Schwächung und Verjagtwerden und das Fehlen von zeitörtlichen Orientierungspunkten beraubten das heranwachsende Kind seiner primären Ich-Funktionen, die es in den ersten (der Shoa vorausgehenden) Lebensjahren entwickelt hatte. Die intellektuelle Neugier des Kindes wurde erstickt.

Doch die Befreiung, gute Gelegenheiten zu Gesundheitsfürsorge und Erziehung brachten einen außergewöhnlichen Lerneifer und eine über dem Durchschnitt gelegene Kreativität hervor" (Kestenberg, S.205), die jedoch in derselben Person mit lebenslänglich anhaltender körperlicher und seelischer Labilität einhergehen konnte. Meist stärkten sich die heranwachsenden Überlebenden der Shoa in ihrem Bewußtsein, der Vernichtung entgangen zu sein, indem sie als Überlebende die Vernichteten, die sie selbst überlebt hatten, in der Welt vertraten. Als Überlebende des Grauens wissen sie, daß sie auf keine in ihnen vorhandene oder an sie übermittelte zwischenmenschliche Ausdrucksmöglichkeit für das Grauen zurückgreifen können. Nicht, daß das Unsagbare ungesagt bleiben muß, aber sie wissen, daß es kaum die richtigen Worte gibt, die das unsäglich

Gewesene und das in ihnen und ihren Nachkommen Fortlebende wiedergeben können und nicht ersticken. In dem Sinn ist auch die fast sprichwörtlich gewordene These von Adorno zu verstehen, nach Auschwitz könne man keine Gedichte mehr schreiben, wobei er zugleich auf die Kunst hoffte, das unsäglich Gewesene in sich erinnerbar zu bewahren.

Die Überlebenden mußten den unumkehrbaren Zusammenbruch ihres Vertrauens in die Beziehung zum anderen erleiden, von dem ihr Überleben abhing, wie nur das Kleinkind von seinen Eltern abhängig ist, um zu überleben.

Und diese Zerstörung führte unausweichlich zum Verlust der Fähigkeit, mit dem „bedeutungsvollen anderen in einem selbst" zu kommunizieren. Ohne diesen Gleichklang mit dem „inneren anderen" aber gibt es keine das Erlebte angemessen repräsentierende Erinnerung. Durch den fundamentalen Bruch zwischen dem Opfer und seiner Innenwelt, aber auch seiner Außenwelt, findet der Schwertraumatisierte häufig keine Gedanken oder Worte, um seine durchlittenen traumatischen Erfahrungen auszudrücken. Oft kann er sein Trauma sich selbst gegenüber nicht artikulieren. Die Überlebenden sind oft innerlich ihren Extremerfahrungen zu nahe. In mancher Hinsicht gleichen sie in verheerender Vergangenheit festgehaltenen Beobachtern, die in gemilderter, aber stets unheimlicher Weise im späteren Leben Situationen wiederholen müssen, die dem Extremtrauma ähneln (etwa Zusammenbrüche, die zur vorübergehenden Einweisung in eine geschlossene psychiatrische Abteilung führen). Möglicherweise können sie nichts bewußt erinnern, außer einige sie verfolgende Bruchstücke aus der verheerenden Totalität, die damals ihre Wahrnehmung überflutete und zusammenbrechen ließ, z.B. alptraumartig wiederkehrende Vorstellungen, Bilder, Geräusche, die nicht in das jetzige Selbstgefühl eingeordnet werden können.

Viele Shoaüberlebende oder deren Kinder können erst nach mühevoller therapeutischer Arbeit verstehen, warum sie nicht mit der Straßenbahn oder U-Bahn fahren können, ohne von Panik überwältigt zu werden, und warum sie längere Strecken nur im Flugzeug oder im eigenen Auto überbrücken können: Das ratternde Geräusch der Zugräder hätte sie in einen Zustand zurücktransportiert, der sie unweigerlich in einem Vernichtungslager angelangen läßt – nicht in Erinnerung, sondern in emotionaler Wirklichkeit: einer sie überschwemmenden, zurückgekehrten, der Vergangenheit in die Gegenwart entrissenen Wirklichkeit.

Weil Kunst aus dem erlebten und notwendig gewandelten Mangel erwächst, zugleich Fremdheit zur Welt bestimmt, überall und nirgends zuhause ist, Fluchtwege ausmacht und doch keinen Ausweg aus der Zer-

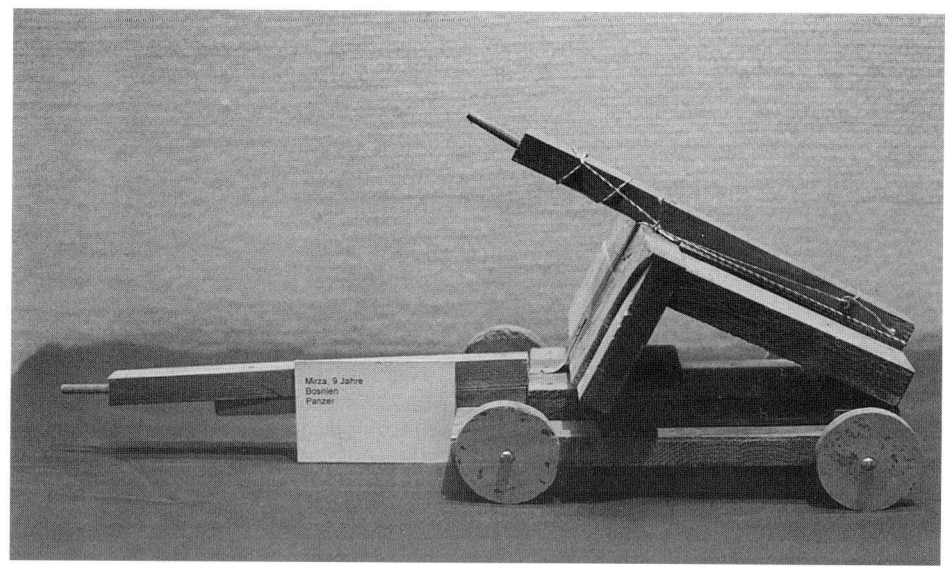

Panzer von Mirza, 9 Jahre aus Bosnien.

störbarkeit bietet, ermöglicht sie vielen Schwertraumatisierten im Ernstfall Spielraum, einen symbolischen Raum zum Überleben und zum Weitergeben von Lebendigem.

Viele Kunstschaffende im Endspiel des 20. Jahrhunderts wissen, daß sie als Person umschreibend nicht mehr Bedeutung mitteilen können, aber ihre Kreativität schlägt Funken in der Hoffnung, daß ihr Kunstwerk im Betrachter oder im Leser, den sie nicht kennen, Bedeutung erzeugt. Dies schafft im Künstler einen eigenen Raum von Vorstellung, in dem es ein, wenn auch illusionäres, Gegenüber gibt, das ihn erfassen will, begreifen will, das ihn und seine emotionalen Erfahrungen bezeugen will.

Ein fünf Jahre altes Mädchen versteckte sich unter Leichen, um zu verhindern, daß es erschossen wurde. Das machte das Kind bewegungslos, bannte aber den panischen Schrecken, die Angst, ermordet zu werden. Als Erwachsene konnte sie „es nicht erinnern", wie ihr erst viel später in der psychoanalytischen Behandlung einsichtig wurde, aber es erschien in wiederkehrenden Alpträumen, die sie in ihrem Gedicht für immer festhielt:

Wiederkehrender Traum
von Irebe Hizme

Manche Nächte

transportieren mich zurück
in eine Zeit
wo absolute Angst
mir gehörte

Wie ein Stein zwischen
toten Körpern
liege ich
halte meinen Atem
aus Angst zu sterben

Die Erde
ein kalter feuchter
sandiger Schleim
steife Glieder
verschränken sich mit meinen

Ein Schauder oder Zucken
wird
enthüllen
daß ich eine bin
die noch fühlen kann

Ich warte mit pochendem
Herz
werden die Kugeln
es
aufreißen?

Ich schließe meine Augen
damit sie nicht sehen
die Traurigkeit, die Angst
in
meinem Innern.

(Kestenberg, p.187 f)

Dieses Gedicht einer Kinderüberlebenden kommuniziert keine festlegbare Bedeutung. Der Gedankengang und die räumlich-zeitlich-szenische Gegebenheit sind zerrissen. Dadurch evoziert es im Leser, daß er sich mit seinen eigenen traumatischen – bewußten oder unbewußten – Erfahrungen auseinandersetzt, um sich dem Gedicht anzunähern. Das Durchdringendste wird nur indirekt ausgedrückt: Es wird nicht ausgesprochen, sondern spricht aus den Leerstellen, den Lücken und den Auslassungen. Durch solche Indirektheit nähert sich die Kunst Überlebender der Leere an, die im Überlebenden das Innerste seiner Traumaerfahrung ausmacht; die unaussprechliche, nicht in Worte zu fassende Leere, die durch die Zerstörung des Vertrauens in die überlebenssichernde Mitmenschlichkeit entstanden ist. Aber die Gestaltung dieser Leere eröffnet dem Überlebenden die Möglichkeit, sich und seine Erfahrungen immer wieder in Besitz zu nehmen, indem er sich in der Hoffnung auf ein das Grauen bezeugendes Gegenüber, den Leser, die Tatsächlichkeit der unsagbaren traumatischen Erlebnisse bestätigt.

Mit der Schaffung des Kunstwerks setzt der Künstler eine Struktur, die dem Verlust des bedeutungsvollen anderen entgegenwirkt und kann so das aus dem Terror erwachsene Chaos in eine künstlerische und dialogische Form gießen.

Laub und Podell (1995) haben diese Gestaltungsintention überzeugend für das Werk von Paul Celan aufgezeigt. Paul Celan entkam der Deportation in das Vernichtungslager, in dem seine Mutter und sein Vater umgebracht wurden.

Er wurde in ein Zwangsarbeitslager eingewiesen, wo er unter unerhörten Bedingungen und fast unglaublichen Umständen doch noch dem Tod entrinnen konnte. Sein wohl berühmtestes Gedicht „Die Todesfuge" schrieb er wahrscheinlich 1944/45 im Lager. Es gelangte wegen seiner unheimlichen Musikalität und Schönheit zu weiter und Begeisterung hervorrufender Verbreitung. Celan mußte erkennen, daß die ästhetische Gestalt des Gedichts der Wahrhaftigkeit seiner traumatischen Erfahrung widersprach. Konsequenterweise sperrte sich dann Celan gegen dieses frühe Gedicht, gab keine Erlaubnis mehr, es abzudrucken und veränderte seinen lyrischen Sprachstil. Seine späteren Gedichte waren dann weniger direkt nachvollziehbar, weniger musikalisch, voller Risse und Sprünge.

Die Verwendung von historischen Materialien, Dokumenten und Zeitzeugenberichten (etwa in Lanzmanns Film Shoa) bringt die Greifbarkeit des Traumas in das Kunstwerk ein. Beuys hat immer wieder Fett und Filz in seinen endzeitlich anmutenden Installationen gehortet und zwingend ausgebreitet; Materialien, mit denen ihn auf russischem Gebiet nach seinem Kampfflugzeugabsturz Frauen der „Feinde" so versorgen und schützen konnten, daß er seiner lebensbedrohenden Kopfverletzung nicht erlag. So dokumentiert und bezeugt das *„Quellenmaterial",* das Material, das dem Ursprung der traumatischen Schwerstverletzung am nächsten kommt, auf kraftvolle Weise die Wirklichkeit des Traumas. Diese materielle Konkretheit wirkt den ähnlich machtvollen politischen, gesellschaftlichen und seelischen Kräften entgegen, die Verdrängung und Verleugnung von historisch Gewesenem betreiben möchten, das außerhalb normal menschlicher Erfahrung und unseres Verständnisses liegt. Im tiefen Sinn gelingt es so der Kunst von Überlebenden wie Celan, Primo Levi, Jean Amery, Nelly Sachs u.v.a.m., einen geistigen Prozeß in Bewegung zu setzen, der das „Wirkliche" im Zeugen, Leser, Betrachter und im Künstler, der das Trauma überlebt hat, der gedenkenden Wiederaufdeckung zuführt. Vielen hat die Kunst zum Überleben geholfen und sie doch nicht vom Selbstmord abhalten können.

Trauma und Gesundungsprozeß

Seelisch traumatisierte Kinder verfügen als Kinder über ein meist unbekanntes Entwicklungspotential. Einige brauchen individuelle therapeutische Hilfe, um den erlittenen seelischen Schaden in ihr zukünftiges Leben zu integrieren, weil sie sonst in chronifizierender Weise davon zunehmend destruktiv in ihrer persönlichen Entfaltung eingeengt würden. Andere brauchen mehr strukturierte therapeutische Hilfestellungen. Welche Form der Hilfestellung auch immer im Einzelfall notwendig sein mag, besonders wichtig ist es, daß dabei ein „Sicherheitsraum" entsteht, in dem Kinder ihre Erfahrungen und Gefühle so einbringen können, daß diese Resonanz im Erleben der Beschützer und Therapeuten hervorrufen. Die meisten Flüchtlingskinder aus den Kriegszonen auf dem Balkan, dem nahen Osten, Asien, Südamerika und Afrika haben nicht nur massive Gewalt am eigenen Körper erlebt, sondern auch den Verlust des Gefühls, daß ihre Eltern ihr Überleben sichern können. Dies führt meist zu Vernichtungs- und Verlassenheitsängsten, die durch Identifikation mit den Aggressoren, Entwicklung von Rassismus und anderen Formen der Unterdrückung, durch die Kinderüberlebenden selbst nur mühsam eingedämmt werden können. Diese Kinder werden immer wieder überwältigt von rasender Wut, blindem Zorn. Immer wieder drohen sie auseinanderzubrechen, erleben sich und die Welt sinnlos im Absturz, sinnlosleer.

Deshalb brauchen die Flüchtlingskinder Anerkennung ihrer Bedürfnisse durch die Menschen in der Region, in die sie geflüchtet sind. Sie müssen sich mit Menschen austauschen können, die das Ungeheure nicht bezweifeln, das sie erleiden mußten, Erwachsenen, die für die Kinder zu vertrauensschaffenden Zeugen werden, die ihnen helfen, die Auswirkungen des Unvorstellbaren individuell und kreativ zu verarbeiten.

Wer mit Kinderüberlebenden arbeitet, wird davon betroffen, daß er mit einer Gruppe Ausgewählter arbeitet, ausgewählt vielleicht durch Zufall oder ausgewählt durch ihre besondere Überlebenskraft, die sie zu Überlebenskünstlern hat werden lassen. Überlebende, die wissen, daß ihre „Erwählung" an die Ermordung von so vielen ihnen Gleichen gekoppelt ist, die sie als Überlebende „im Stich gelassen haben".

Es ist extrem schwer, Worte und Symbole dafür zu finden, was diese Kinder an Horror und Terror durchgemacht haben; Worte zu finden, die der inneren Erfahrung des Kindes, das sein Trauma zugleich weiß und nicht wissen kann, entsprechen. Deshalb müssen die Betreuer Bedingungen herstellen, die die unvorstellbaren Erfahrungen in der Kinderseele, die oft nicht nur einen Mord über sich ergehen lassen mußte, Gestalt in einem Deutungsraum gewinnen lassen, der vom Kind und seinen Mitmenschen geteilt werden kann. Diese Kinder brauchen einen sicheren Ort, wo sie immer wieder mit einfühlsamen Erwachsenen Bezeichnungen für ihre Erfahrungen finden können. Sie brauchen einen Erwachsenen, der dem Kind zu verstehen zu geben weiß, daß es nicht sprechen muß, wenn es nicht will, daß er aber weiß, daß es dem Kind besser gehen wird, wenn es seine Erlebnisse teilen kann.

Der Erwachsene muß sowohl die tatsächliche historische Situation des Kindes ansprechen können als auch seine Phantasien, seine notwendigen, weil seinen seelischen Zusammenhalt vorerst schützenden, Um- und Falschdeutungen der Vergangenheit und der Gegenwart. Oft unterscheidet sich die innere Erfahrung des traumatisierten Kindes erheblich von der äußeren Wirklichkeit. So haben Kinderüberlebende oft das Gefühl, sie hätten Schuld am Verschwinden, dem Tod oder der Folterung ihrer Eltern. Das Kind hat oft nur eine fragmentarische Erinnerung; es macht ja das Wesen des Traumas aus, daß es den geistigen und emotionalen Zusammenhang im betroffenen Menschen zerschlägt. Aber erneute „Verschwörung des Schweigens", eine Verleugnung der tatsächlichen Mißhandlung, würde das Bedürfnis des Kindes, seine Entwicklung wieder aufnehmen und sich weiterentwickeln zu können, retraumatisierend massiv einschränken.

Die Forschungen über Kindsmißhandlung haben aufgezeigt, daß Kinder, die sich mit nahestehenden, vertrauenswürdigen Erwachsenen im nicht zu großen zeitlichen Abstand über den tatsächlichen Mißbrauch aussprechen können und sich in ihren Gefühlen und Ausdrucksmöglichkeiten angenommen fühlen, mit großer Wahrscheinlichkeit keine andauernden Schäden in ihr Erwachsenenalter mitnehmen müssen. Kinder, deren Erlebnisse jedoch von Menschen abgestritten werden, die Macht über diese Kinder haben (und das gilt für mißhandelnde Personen und Kriegsparteien immer), solche Kinder entwickeln mit großer Wahrscheinlichkeit schwer zu begegnenden ernsthafte Störungen. Die Experten stimmen darin überein, daß die Verschwörung des Schweigens der gewichtigste krankmachende Faktor beim Kindsmißbrauch ist: Die Verschwörung des Schweigens führt unterschwellig die Zerstörungsarbeit am Seelenleben des Kindes weiter. Geschädigt, verhärtet es sich zunehmend auch in seinem Denken, Fühlen, politischen und sozialen Handeln und muß sich der andrängenden Verzweiflung oft zwangsartig (an seinem bewußten Willen vorbei) dadurch entledigen, daß es später als Erwachsener selbst gewaltsam und destruktiv sein Trauma an ihm ausgelieferte (oft eigene) Kinder weitergibt.

Finden Kinderüberlebende, Flüchtlingskinder, mißbrauchte oder sonst schwer traumatisierte Kinder jedoch einen Spielraum, in dem sie sich frei und sicher bewegen können, dann setzt sich meist in ihrem Spiel in symbolischen Formen eine klare Wahrnehmung der Machtverhältnisse sowie ihre Anlage durch, selbst die horrendesten Ereignisse verstehen zu wollen.

Die Kinder benutzen dann kunstvoll Spiel- und Gestaltungsformen, um schwierigen Situationen, denen sie sich ursprünglich völlig ausgeliefert fühlten, einen gestalterischen Sinn abzuringen. Je extremer die Traumatisierung war, je unvorstellbarer und unsäglicher die Gewaltanwendung über das Kind hereingebrochen ist, desto länger benötigt solch ein Kind eine sicher andauernde, warme und vertrauensvolle Beziehung. Nur so können allmählich Erinnerungen und Erinnerungsäquivalente auftauchen (wie plötzliche Alpträume, Obsessionen, Vermeidungen, etc.). Diese können dann gemeinsam geprüft und geteilt und so zur wieder aneigenbaren Erinnerung werden, wenn nämlich über die chiffrenartigen Mitteilungsversuche seelische Berührungen zwischen dem Kind und seinem Mitmenschen entstehen. Er wird so für das Kind zum Zeugen für die Rückgewinnung seines Lebens.

Weil so viel Unsägliches durchlitten worden ist, weil Sprachbarrieren nicht nur in der meist fremden Sprache im Zufluchtsland bestehen, sondern auch in der Muttersprache, retten sich die Kinder oft in ihrer Überlebenskunst in Spielbereiche, in denen sie ernsthaft symbolschaffend ihren ganzen Einsatz bringen und oft (alp-) traumwandlerisch sicher bildhaft vorsprachliche Zeichen setzen können. Bilder, die die farbige Intensität des Lebens, aber auch seine schwarzen Durchbrechungen und Vernichtungsversuche transformierend bezeichnen und festhalten. Manche können so ein neues Haus errichten, in dem ihre Seele wieder geschützt – ihre Schwingung zurückgewinnend – einziehen kann. Wie sagte einer der Kinder-Überlebenskünstler zu seinen Bildern: „Wenn man etwas Schönes macht, dann freut sich die Mutter." Zum Überleben kann er seiner Mutter „draußen" immer wieder eine Freude machen, bis vielleicht eines Tages in der Tiefe seines Inneren wieder jene Mutter des Urvertrauens nachgebildet worden ist und zur Lebenssicherheit des Kindes beitragen kann, die im Trauma der Gewalt und der Flucht „innen" zerstört worden ist.

Traumatisierte sind stärker angewiesen auf das Wiedererstellen des Verlorenen, um überleben und weiterleben zu können und die Spannung auszuhalten, Grauenhaftes erlebt zu haben, das nur jene ganz teilen können, die mit im Grauen waren und es möglicherweise nicht überleben konnten. Das neue Leben auszuhalten, das nicht verleugnet, daß wir alle durch Auschwitz und Hiroshima in einer anderen menschlichen Welt leben, die zum Tode hin offen ist, und dabei Zeichen der Lebenslust und des Lebenswillens zu setzen, das ist in allen Erscheinungsformen Überlebenskunst.

Dank sei zum Schluß jenem von seinen jüdischen Eltern bei nichtjüdischen Mitmenschen versteckten Kind gesagt, das sein Zeichen der Überlebenskunst „einfach" dadurch gesetzt hat, daß es heute mit seiner Familie dasselbe Haus mit Leben erfüllt, das einstmals von einem bewohnt wurde, der nicht nur die Familie dieses jüdischen Kindes und die ganze Judenheit vernichten wollte, sondern bereit war, den Tod in die ganze Welt hinauszutragen.

Literatur:
KESTENBERG, J.S.: Kinder unter dem Joch des Nationalsozialismus.
In: Jahrbuch der Psychoanalyse 28, 1991, S. 179-209
LAUB, D. u. PODELL, D.: Art and Trauma.
In: The International Journal of Psychoanalysis Vol. 76, 1995, S. 991-1006

Kunst als Brücke
Kunst- und Kulturtherapie

Yvonne und Hans-Joachim von Zieten

*„Kunst heilt die Wunden,
die der Verstand schlug."* (Novalis)

Die Ausgangssituation
Das Ausmaß des grausamen Bruderkrieges im ehemaligen Jugoslawien ist inzwischen bekannt; die Konflikte halten an.

Die tiefen seelischen (neben den physischen) Wunden, die insbesondere Kindern und Jugendlichen zugefügt wurden, entziehen sich jedoch einer medienwirksamen Berichterstattung und werden weitgehend nicht wahrgenommen. Das Leiden der Kinder vollzieht sich im Stillen. Es verwundert daher nicht, daß in den Aufnahmeländern adäquate und individuell wirksame psychologische und therapeutische Hilfsangebote für Flüchtlingskinder und deren Eltern fast gänzlich fehlen.

Daß unverarbeitete Kriegstraumata anhaltend wirken können (teils über eine Generation hinaus), ist jedoch spätestens seit den Dokumentationen über die seelischen (und somatischen) Spätfolgen bei überlebenden Opfern des Holocaust bekannt.

Wie sieht nun die Situation der Kinder und Jugendlichen in Bayern, konkret in den Münchner Gemeinschaftsunterkünften, aus? Mehr als tausend Flüchtlingskinder leben hier schon seit etwa 4 Jahren, gegenwärtig sprechen sie täglich von ihrer bevorstehenden Abschiebung / Rückführung in ein weitgehend zerstörtes Herkunftsland.

Sie sind notdürftig untergebracht, überwiegend in ghettoähnlichen staatlichen (nicht betreuten) oder städtischen (betreuten) „Containersiedlungen" und wohnen mit Geschwistern und Eltern (-teilen) auf engstem Raum.

Es muß davon ausgegangen werden, daß fast alle diese Kinder traumatisiert wurden – zum Teil schwer.

Erschreckend ist, daß zahlreiche von ihnen im angeblich sicheren Gastland weiterhin durch eine anhaltende psychische und physische Gewalt, die sie erleben müssen, traumatisiert werden; auch ausgehend von über-

Freies Farbenspiel. Aquarell (naß in naß) Jasmin, 5 Jahre, Bosnien / Banovici.

Farbflächen erobern den Raum. Aquarell (naß in naß) Belma, 3 Jahre, Bosnien.

Transportflugzeug über bunten Bäumen. Aquarell (naß auf trocken) Denis, 9 Jahre, Bosnien / Bihac. *Von dieser Militärmaschine wurden er, sein Bruder und seine Mutter aus dem hart umkämpften Sarajewo ausgeflogen. Mit an Bord waren Tote und Schwerverletzte. Der Vater wurde kurz vorher in Bihac von einer Handgranate getötet.*

Rettungshubschrauber. Aquarell (naß auf trocken) Adis, 9 Jahre, Bosnien / Duvno.

forderten Vätern und Kriegsheimkehrern, die sich die Schwächsten (Frau und Kinder) als „Opfer" suchen.

Ausländerfeindliche Aktionen verstärken die Isolation und vermehren zusätzlich die Ängste der Kinder. Hohe Maschen- oder Stacheldrahtzäune, die in der Regel die Containerkomplexe umgeben, zeigen den jungen Bewohnern einer solchen Unterkunft täglich, daß sie nur aus- und eingegrenzt geduldet werden.

Das Projekt
Ein interdisziplinärer Ansatz von Flüchtlingssozialarbeit und Kunst- und Kulturtherapie

Angesichts der katastrophalen psychosozialen und therapeutischen Unterversorgung der betroffenen Flüchtlinge wurde auf private Initiative hin 1993 das Münchner Flüchtlingsprojekt *„Kunst als Brücke"* ins Leben gerufen.

Es wurde und wird überwiegend ehrenamtlich von den Initiatoren geleitet und durchgeführt. Zusammen mit weiteren ehrenamtlichen Helferinnen (u.a. mit künstlerischen Berufen) sowie Kunsttherapie-Praktikantinnen konnte bis heute weit über hundert Flüchtlingskindern sozial-

und kulturpädagogische und kunsttherapeutische Hilfe zuteil werden. Das Projekt wird in zwei städtischen Unterkünften durchgeführt (10-15 Kinder in der Gruppe; 1x wöchentlich ca. 2 Stunden), von den Heimleitern logistisch unterstützt und vom Flüchtlingsamt teilweise finanziell bezuschußt (Materialkosten).

Die *Freie Akademie München für Kunst, Kultur, Bildung und Therapie* begleitet und fördert dieses Projekt.

Die bunten Aquarellbilder in diesem Buch, die auch anläßlich der sehr erfolgreichen Gemeinschaftsausstellung: „Ich besiege alle Drachen" gezeigt wurden, sind während einer Projektphase entstanden, in *der Refugio München* nicht nur den Fortbestand auch dieser Initiative sicherte, sondern über ein Jahr hinaus Kunsttherapie in dieser Gruppe ermöglichte.

Bedürfnisse und Angebot

Fortgerissen aus ihrem natürlichen und vertrauten Lebensumfeld müssen Flüchtlingskinder in Deutschland nicht nur den Kulturschock und die Sprachbarrieren überwinden, sondern auch die Folgen des Krieges verarbeiten.

Wie könnte den vielen Kindern geholfen werden, die ohne Schon- und Spielraum aufwachsen müssen - die in ihrer Entwicklung behindert und ihrer Kindheit beraubt wurden?

Wie sollte den offensichtlichen, psychosomatischen Beschwerden begegnet werden, wie Eß- und Schlafstörungen, Einnässen, hypermotorisches Verhalten, Autoaggression?

Fast alle Kinder zeigten gravierende Verhaltensstörungen und ein gestörtes Sozialverhalten. Einige Kinder konnten ausdrücken, was sie erlebt hatten (meist abgekoppelt von ihren Gefühlen), andere Kinder blieben verschlossen und „stumm" oder apathisch, wieder andere zeigten ein extrem aggressives Verhalten und traten und schlugen vor allem jüngere Kinder mit ungeahnter Brutalität. Die Streitbereitschaft zeigte sich über Monate; Anlaß der mit verzweifelter Wut ausgeführten Kämpfe waren z.B. ein begehrtes Stück Tafelkreide oder die geforderte exklusive Zuwendung des Therapeuten.

Ein Zitat des zwölfjährigen Amir, stellvertretend für viele Kinder: „Ob ich Freunde habe, wenn ich nach Banja Luka zurückkehre? Ja, ich habe Freunde, doch die meisten von ihnen sind schon tot, viele von ihnen starben bei einem Granatenangriff auf Sarajewo. Meine Schule ist zerstört, einige Häuser stehen noch."

Angesichts der hoffnungslosen und sehr deprimierenden Lebenslage dieser unschuldigen Opfer des Krieges, war es uns als Sozialpädagogin und als Kunsttherapeut ein besonderes Anliegen, den Kindern und Jugendlichen ein „Stück Kindheit" zurückzugeben und ihnen soviel Gestaltungsraum und Zuwendung zukommen zu lassen, wie sie es ersehnten und suchten.

Unsere Kunsttherapie

Bei unserem ganzheitlichen kunsttherapeutisch-sozialpädagogischen Ansatz steht der Mensch, die kindliche Persönlichkeit, und nicht die Methode im Mittelpunkt. Entsprechend des Arbeitsansatzes, wie er Grundlage einer anthroposophischen Kunsttherapie ist, wurde - soweit wie möglich der seelischen, geistigen und physischen Entwicklung des jeweiligen Kindes angepaßt - ein künstlerisch-therapeutisches Konzept entwickelt, das auch Rücksicht auf die Interaktion in der Gruppe nimmt. Die Körperhaltung, das Bewegungsbild, das Temperament, die seelische Stimmung, aber auch die individuelle „Lebensmelodie" des jeweiligen Kindes geben u.a. dem speziell geschulten Begleiter / Therapeuten Hinweise auf das Befinden und auf die einzigartige, unverwechselbare kindliche Persönlichkeit. Durch ein vorsichtiges Annähern an diese Persönlichkeit (insbesondere während des Gestaltungsprozesses selbst) und durch das Erkennen (und Beschreiben) der die Persönlichkeit bedrängenden Zustände und Vorgänge ergeben sich Hinweise für eine Diagnose. Daraus folgt eine mögliche therapeutische Begleitung / Behandlung, deren Wirkung Aufschluß für schrittweise weiterzuentwickelnde kunsttherapeutische Maßnahmen gibt. Charakteristisch für diese Form der Kunsttherapie ist, daß sie nicht nach einem vorher festgelegten „Behandlungsplan" durchgeführt wird.

Gerade die durchaus als chaotisch zu bezeichnenden Zustände (z.B. betrunkene Erwachsene, Messerstechereien) in den Unterkünften machen deutlich, daß nur eine Therapieform möglich ist, die einem wahrnehmungsgeleiteten Handeln folgt, das die Gesamtsituation eines solchen sozialen Organismus miteinbezieht.

Kennzeichnend für unsere Projektarbeit ist daher das „Prinzip offene Tür", das allen Drei- bis Sechzehnjährigen ermöglicht zu kommen, wann sie möchten (bei wöchentlich immer gleicher Zeitdauer / gleichem Zeitbeginn), und zu bleiben, so lang sie wollen. Entscheidend für einen einzuleitenden bildnerischen Prozeß ist dann die Wahl der bildnerischen Mittel: Malerei, Plastik oder Graphik.

Ihre spezielle Wirkung (und die Art ihres Einsatzes) kann hier nur kurz angedeutet werden. So fördert und intensiviert z.B. das Plastizieren mit Ton (erst ab Schulreife einzusetzen) die Lebens- und Willenskräfte, graphisches Arbeiten ergreift unmittelbar die Bewußtseinskräfte, wirkt beruhigend, konzentrierend.

Für die Flüchtlingskinder wurde überwiegend die Malerei und hier speziell das lösende Aquarellmalen mit Naturfarben in der „Naß-in-Naß-Technik" (flüssige Farben und nasses, gutes Aquarellpapier) eingesetzt.

Wenn die dreijährige Dunja aus Mostar, die vierjährige Selma aus Bihac oder der zwölfjährige Semir aus Sarajewo den Pinsel nahmen und erst zaghaft, dann mit großem Schwung das ganze Blatt mit farbigen Flächen oder bunten Zeichen ausfüllten, wurde deutlich, warum gerade dieser Technik des Malens (nur das Aquarell läßt die Farbe atmosphärisch leuchten) überwiegend der Vorzug gegeben wurde. Die Farben haben jeweils eine eigene Sprache, durch die die Kinder „sprechen lernen". Wird unmittelbar aus der Farbe heraus gemalt (siehe die revolutionäre Malweise der „Blauen Reiter"), so führt u.E. die „Farbenbrücke" aus seelischer Beengung, Apathie und befreit von Angst. Durch die Maltherapie können die Kinder wieder zu einem seelischen Gleichgewicht finden. Das lösende Malen wirkt Verkrampfungen entgegen, spricht das Rhythmische bzw. das Herz-Atem-System an. Die Kunsttherapie (hier als Heilmittel verstanden) eröffnet Wege zum Selbstausdruck, zur Verarbeitung von traumatischen Erlebnissen und vermittelt Bewältigungsstrategien, die die Autonomie der betroffenen Kinder stärkt. Diese überwiegend nonverbale Therapieform aktiviert ganz besonders die Selbstheilungskräfte und ermöglicht den Zugang zu verschütteten schöpferischen Quellen.

Für viele Flüchtlingskinder war die Maltherapiestunde der einzige feste und ordnende Halt im „zeitlosen" Unterkunftsalltag. Schon nach wenigen Wochen änderten sich bei einigen Kindern Auftreten und Verhalten.

Sie lernten sich abzugrenzen und wo nötig zu behaupten, inneres Wachstum und Reifung war festzustellen, sie bauten regressives Verhalten ab und waren insgesamt ruhiger, zielstrebiger und selbstbewußter. Insgesamt gesehen handelt es sich bei unserer Kunsttherapie um eine ressourcen-, sinn- und zukunftsorientierte Therapieform, die auf aufdeckende, analytische Verfahren verzichtet.

Die Kinder zeigten sich besonders dankbar dafür, daß neben teils vorgegebenen Themen in völliger Freiheit Farbe, Form und Inhalt gewählt werden durften.

Mit der Erweiterung des kreativen Handlungsraumes ging auch die Erweiterung ihrer Persönlichkeit einher. Die Freude am Malen, aber auch die von den Projektleitern besonders sorgfältig vorbereitete und gestaltete Malatmosphäre spielten dabei eine nicht zu unterschätzende Rolle.

Für die kindliche Erlebniswelt, die durch die Zerrbilder des Krieges und seine Folgen ohne die Urbilder Liebe, Vertrauen, Glaube und positives Eltern- / Erwachsenenvorbild nur noch bedrohlich wirken konnte, stellte die Verbindlichkeit der Betreuer den stärksten stabilisierenden Faktor dar. Diese Verbindlichkeit (regelmäßiges Erscheinen, unverbrüchliche Treue zu den Kindern, kontinuierliche Zuwendung und Schutzgewährung) war als tragendes Element für alle Bewohner erfahrbar; auch für die Kinder, die monatelang aus Angst oder wegen Sprachproblemen nicht zur Gruppe kamen.

Die in diesem Buch gezeigten Bilder geben Einblick in eine ganz bestimmte Phase des Malprozesses. Die „abstrakten", motiv-ungebundenen, freien Aquarellbilder geben das Tasten, Suchen, Spielen und Farbentdecken / Farberleben von Kindern wieder, in denen die reinen Farben, Rot, Blau und Gelb noch stark voneinander abgegrenzt sind. Daraus können auch Motive wie Hubschrauber und Flugzeuge entstehen, die für die Kinder zunächst noch von besonderer (kriegsgeprägter) Bedeutung sind, die aber durch kindgemäße Motive wie Zirkuszelt, Regenbogen, Haus mit Garten, etc., allmählich abgelöst werden.

In einem weiteren Schritt werden vor allem die jüngeren Kinder angeregt, fließende Farbübergänge zu malen, die unmittelbar ein „seelisches Atmen" ermöglichen. Durch das direkte Mischen der flüssigen Primärfarben auf dem Blatt kann jedes Kind auch ohne künstlerische Begabung bald die gesamte Farbpalette entstehen lassen und seiner Stimmung gemäß „Farbgespräche" führen. Ganz allgemein formuliert, ordnet und impulsiert das Malen das Empfindungsleben der Kinder.

Die jeweiligen Malaktionen fanden an verschiedenen Orten statt und hatten mit positiver Wirkung für alle Bewohner der Unterkunft die farbliche Umgestaltung von Spiel- und Lebensräumen (die gemeinsam gestaltete Malwerkstatt, die großen Spielgeräte, Zäune, etc.) zur Folge.

Zur Kulturtherapie

Ausgehend von den Bedürfnissen der Flüchtlingskinder – sie bringen aus ihrem Kulturkreis viel Rhythmisch-Musikalisches mit – wurde die klassische Kunsttherapie (sie arbeitet mit der Bildenden Kunst) zeitweise um kulturtherapeutische Angebote erweitert.

Eine Musikerin des *Ensemble Ikarus* entwickelte in Zusammenarbeit mit den Projektleitern, den Flüchtlingskindern und einer jungen bosnischen Sängerin (gleichzeitig Dolmetscherin) das Konzept für eine „Musikalische Reise durch die Kulturen". Beim gleichnamigen Konzert (Hackbrett, Gitarre, Gesang), das in der Unterkunft zur Aufführung gebracht wurde, konnten die Flüchtlingskinder Lieder in ihrer Muttersprache hören und mitsingen. Bei den englischen und irischen Volksweisen klatschten und stampften sie in ungewohnter Übereinstimmung zu den eingängigen Rhythmen. Im Anschluß an diesen erfolgreichen Abend wurde bald eine Rhythmusgruppe gegründet, in der die Flüchtlingskinder ihre Instrumente meist selbst gestalteten. Bei ausreichender finanzieller Unterstützung hätte sich auch eine theaterpädagogische und schauspieltherapeutische Arbeit anschließen können, da durch die Kulturtherapie (interkultureller Dialog) die Gruppenfähigkeit gestärkt werden konnte.

Ausblick

Nach unserer Überzeugung könnte das Zusammenwirken von verschiedenen künstlerisch-therapeutischen Berufen den Handlungsspielraum insgesamt, aber auch die Wirkungsmöglichkeit des einzelnen um ein Vielfaches erweitern. Dies gilt nicht nur für die interdisziplinäre Zusammenarbeit in der Ausländer- und Flüchtlingsarbeit, sondern soll auch Anregung sein für alle, die mit benachteiligten und seelisch gefährdeten Kindern und Jugendlichen arbeiten. Das würde allerdings auch die Bereitstellung der nötigen Finanzmittel erfordern.

Die Begegnung mit den vielen Flüchtlingskindern, die uns als Projektbegleiter und -gestalter grenzenloses Vertrauen und kaum zu beschreibende Freude entgegengebracht haben, wird eine nachhaltige positive Wirkung auf uns haben, die wir als Geschenk betrachten.

Unser Dank gilt Belma, Sinan, Azrina, Emina, den Brüdern Denis und Delvis, Amir und Samir und all den Kindern und Jugendlichen, die hier nicht genannt werden können.

Zusammenleben in der Schule

Fee Czisch

Einbeziehung

„Große Künstler müssen menschlich sehr breit entwickelt sein. Deshalb habe ich einen intensiven menschlichen Kontakt zu meinen Schülern."
(Zakhar Bron, russischer Meister-Lehrer für Violine.)

Alle Menschen sollten menschlich so breit wie möglich entwickelt sein. Ich habe es in meiner Schulklasse nicht mit zukünftigen „großen Künstlern" im Sinne von Musikvirtuosen zu tun. Aber da jedes einzelne Kind am Anfang eines großen Abenteuers mit äußerst ungewissem Ausgang steht, möchte ich sie alle ausstatten wie Meister-Schüler. Sie sollen virtuos mit ihren Anlagen umgehen lernen, soviel wie möglich über die Zusammenhänge in der Welt erfahren, und lustvolle Erlebnisse sollen ihre Leidenschaften für das Leben, ihre Neugier erhalten, ihnen Erinnerungen schenken, sie mit einer Geschichte befrachten. Boden und Nahrung für die Entfaltung solcher „Meister" aber ist der intensive menschliche Kontakt zu mir und zueinander. So wird man selbstbewußt, kompetent, friedlich, tolerant.

Meine Schülerinnen und Schüler erleben keinen „Unterricht" im herkömmlichen Sinn. Sie organisieren, wählen und bewältigen einen großen Teil des Lernpensums selbständig. Ich berate, helfe wenn nötig und achte darauf, daß jedes Kind zu seinem Recht kommt. Ich muß nicht ständig vorn stehen und alle Fäden in der Hand halten und habe deshalb Zeit, mich mit den einzelnen Kindern zu unterhalten. Auf diese Weise bekomme ich viele ihrer Freuden und Sorgen mit, entdecke ihre Stärken und Schwächen. Richtig spannend wird es, wenn ich Schwächen in dem

Maß verschwinden sehe, in dem ich die positiven Seiten eines Kindes wahrnehme und öffentlich mache.
Mein Job ist also weniger das „Unter"-richten als vielmehr das „Auf"-richten.

Meine Schülerinnen und Schüler lernen, ihre eigenen Bedürfnisse zu erkennen, zu formulieren und, so weit dies möglich ist, danach zu handeln. Gleichzeitig aber üben sie sich darin, die Bedürfnisse der anderen wahrzunehmen und zu achten; sie erfahren, daß jeder Mensch wie die anderen, aber eben auch „anders" ist; sie entdecken durch die tägliche Erfahrung, daß auch die anderen Kinder zugleich Stärken und Schwächen haben, genauso wie sie selbst. Sie nehmen sich nicht wichtiger als alles andere um sich herum, sondern achten aufeinander. Sie machen die befriedigende Erfahrung, daß man sich in einer Gemeinschaft aufgehoben und sicher fühlen kann, und daß solch eine Geborgenheit allen hilft.

Sie sollen bei all ihren Unternehmungen immer auch die Menschen um sich her miteinbeziehen, um die eigenen Wünsche und Vorstellungen in Einklang zu bringen mit denen der anderen Menschen. Das hilft ihnen, sich selbst nicht absolut zu setzen und zu erkennen, daß wir Menschen zwar nicht gleich, aber ähnlich und gleichwertig sind.

Diese Erfahrungen helfen ihnen, andere Kinder anzunehmen, wie auch immer sie sich durch Hautfarbe, Religion oder sozialen Status von ihnen unterscheiden mögen. Solche Erfahrungen unterstützen die Entwicklung von Toleranz und Zutrauen.

Deutsche Kinder können auf Kinder aus anderen Ländern, auf Kinder von Asylbewerbern, auf Flüchtlingskinder offen zugehen, und diese wiederum machen die Erfahrung, in eine Kindergruppe aufgenommen zu werden und dort Kind sein zu dürfen, dazuzugehören.

Meine letzte Klasse bestand zu zwei Dritteln aus Ausländerkindern. Aber auch die deutschen Kinder waren schon geprägt von mannigfachen Defiziten, wie sie unsere Gesellschaft zunehmend produziert.

Dardanie und Sema

Kurz nach dem Anfang des zweiten Schuljahres kam ein Mädchen aus dem Kosovo in unsere Klasse. Die Eltern waren innerhalb Münchens umgezogen, deshalb mußte das Kind die Schule wechseln. Dardanie war spindeldürr und ängstlich einerseits; andererseits war sie streitsüchtiger als die übrigen Kinder, fühlte sich ständig angegriffen, verpetzte die anderen und fand deshalb keinen großen Anklang bei den Mädchen. Erstaunlich gut drückte sie sich aus, las ziemlich flüssig und machte gestochen saubere und ordentliche Hefteinträge.

Die Kinder dieser Klasse hatten sich gerade aneinander gewöhnt und einigermaßen gelernt, die anderen so zu nehmen, wie sie eben sind. Sie waren zum Zeitpunkt von Dardanies Kommen eigentlich überfordert, eine neue, schwierige Schülerin mit wahrscheinlich schlimmen Erfahrungen einfach an- und aufzunehmen. Dardanie ihrerseits – das wurde mir rasch klar – kam aus einer Klasse, wo vor allem Leistung, ordentliche Heftführung und Ruhe als mustergültiges Verhalten angezeigt gewesen waren.

Auch sie war überfordert, sich in unser System von freier Arbeit, Zusammenarbeit, gemeinsamem Spiel und Selbstorganisation einzufügen. Offensichtlich war sie gewöhnt, sich als Einzelkämpferin über Wasser zu halten.

Ein türkisches Mädchen, das die erste Klasse wiederholen mußte und auch neu bei uns war, zeigte ganz ähnliche Verhaltensweisen wie sie, petzte ständig, kontrollierte die anderen und mich und machte sich so sehr unbeliebt. Diese Hülja legte sich ständig mit ihr an, und beide spielten das Spiel nach den Spielregeln, die sie offensichtlich in den vorherigen Klassen gelernt hatten: Demütigungen und Verletzungen, die sie selbst haben einstecken müssen, an den „Schwächsten" weiterzugeben. Wenn man dieses System durchbrechen will, muß man als Lehrerin mit gutem Beispiel vorangehen und nicht zulassen, daß es diesen „Schwächsten" gibt.

Also bemühte ich mich darum, eine Beziehung zu Dardanie anzuknüpfen und baute darauf, daß sich andere anschließen würden. Immer wieder setzte ich mich neben sie, schaute ihr zu, wie sie arbeitete und lobte ihre ordentliche Schrift, ihre schön gestalteten Heftseiten und ließ mir vorlesen. Gedichte lernte sie besonders rasch und trug sie gewandt vor. Auch dafür erntete sie viel Lob von mir. Auf ihre Petzereien achtete ich nicht, erklärte ihr aber immer wieder, daß ich genug Verkehrtes selbst sehen könne und daß für mich die Fehler der Kinder nicht so wichtig seien.

Ganz allmählich änderte sie ihr Verhalten, probierte aus, ohne Streit mit den anderen auszukommen und merkte, daß ich sie dann verteidigte, wenn zum Beispiel die Türkin sie als „Ausländerin" beschimpfte, daß ich aber nicht auf sie hörte, wenn sie mir erzählte, daß irgendein Kind ein Buch nicht richtig aufgeräumt hätte. Als sie ruhiger und friedlicher wurde, geschah etwas, was mich ganz besonders bewegte. Sema, ein äußerst schüchternes türkisches Mädchen, das immer wieder anfing zu weinen, aber nicht sagen konnte, weshalb; das sich monatelang nicht getraut hatte, etwas zu sagen; dieses Mädchen näherte sich Dardanie langsam an, ganz vorsichtig und immer wieder zurückweichend. Als ich diese zarten Versuche bemerkte, Freundschaft zu schließen, unterstützte ich sie, indem ich Dardanie bat, Sema beim Lesen-Üben zu helfen und Sema bat, Dardanie beim Rechnen zu helfen. Die eine konnte das eine gut, die andere das andere. Zu zweit schickte ich sie los, um mir etwas beim Hausmeister zu holen oder bat sie, mir irgendwas zu helfen. So fanden sich zwei, die sich gegenseitig stärkten, sicher machten und eine so unglaubliche Fröhlichkeit und Lebendigkeit entwickelten, daß ich mich zu meinem Erstaunen eines Tages sagen hörte: „Sema, nicht so laut!" Dieser Satz war sehr komisch, nachdem ich sie monatelang angefleht hatte, doch etwas lauter zu sprechen. Die ganze Klasse lachte, und wir waren alle sehr glücklich.

Dardanie und Sema – beide nicht in ihrer Mitte, beide verstört durch irgendetwas. Ich muß nicht unbedingt herausfinden, was das ist. Denn bei bis zu zweiunddreißig Kindern in der Klasse sind das mindestens zwanzig Kinder, die durch irgendetwas sehr verstört sind. Ich möchte Vertrauen und Geborgenheit schaffen. Das kann ich auch in großen Klassen, und das hilft über fast alles hinweg. Wenn Kinder sicher sind vor Verletzungen, vor Degradierung und Mißachtung, wenn wir sie da fördern, wo sie schwach und da loben und beachten, wo sie stark sind, dann fühlen sie sich im Laufe der Zeit in der Lage, vergangene Verletzungen zu verkraften.

Vor allem Freundschaften stärken alle Kinder gleichermaßen. Die Gewißheit, nicht allein zu sein, eine Vertraute, einen Freund zu haben, läßt erfahrenes Leid allmählich verblassen.

Sahin

Sahin trat seinen allerersten Schultag in einem schwarzen Anzug an, einem Festtagsanzug, hatte um den Kragen seines weißen Hemds eine Fliege gebunden, und seine Haare waren mit Wasser oder Brillantine geglättet. So sah auch sein Freund Ümit aus. Stumm und mit vor Staunen großen Augen verfolgten beide, was in der Schule vor sich ging. Sahins Mutter, eine stattliche Türkin, brachte ihn die ersten Wochen jeden Tag bis an seinen Tisch, stellte ihm mit resoluter Gebärde die Schultasche hin, machte sie auf, holte das Federmäppchen und das Heft heraus, zeigte ihm sein Pausebrot, grüßte mich flüchtig und ging wieder. Für mich war klar: Mamakind, überbordende Mutter traut ihrem Sohn nichts zu, hält ihn unter ihren Fittichen, wird schwierig werden. Die Lehrerin nimmt sie überhaupt nicht ernst. Sind die Türken so?

Ich hatte zum erstenmal türkische Kinder in meiner Klasse. Von anderen Lehrerinnen hatte ich gehört, daß die türkischen Buben verwöhnt, von ihren Müttern verhätschelt und fürchterliche Machos seien. Wenn sie älter würden, hätte man als Lehrerin überhaupt keine Autorität. Die Auftritte von Sahins Mutter verwandelten dieses vage Hörensagen in ein zartes Vorurteil. Sahin war unselbständig – ein bißchen dicklich, ein bißchen ängstlich, vorsichtig.

Ich hatte den kleinen Jungen zunächst einmal festgelegt, mir rasch ein Bild gemacht, das wird er schwer wieder loswerden. So weiß ich immer, wie ich ihn behandeln muß und werde keine unliebsamen Überraschungen erleben. Von Amts wegen sind wir ja auch angehalten, „Schülerbeobachtungen" anzufertigen. Die verwenden wir selbst oder geben sie an die nächste Kollegin weiter, damit jede gleich weiß, wie die Kinder und die dazugehörenden Eltern einzuschätzen sind.

Wir übersehen aber, daß wir jeden Tag anders hinschauen, daß Kinder sich ändern, daß wir Anzeichen mißdeuten, daß wir vielleicht überhaupt nicht verstehen. Vor allem ignorieren wir, daß unsere Festlegungen Kinder lähmen und neue Entfaltungen unter Umständen gar nicht mehr entstehen lassen. Oder daß wir diese nicht mehr sehen.

Sahin und Ümit, die beiden türkischen Buben, saßen nebeneinander, lieb und aufmerksam, halfen einander und fanden – natürlich – die Schule im fremden Land mit der fremden Lehrerin und den vielen anderen Kindern aus den vielen verschiedenen Ländern beängstigend. Da bei ihnen zu Hause türkisch gesprochen wurde, mußten sie jeden Morgen einen weiten Weg zurücklegen, bis sie in der deutschsprechenden Klasse angekommen waren. Es sprach eigentlich sehr für ihre Tapferkeit, daß sie das schließlich allein, ohne den Rockzipfel der Mutter wagten – jeden Tag. Und sie schafften es, im Klassenzimmer nicht türkisch miteinander zu sprechen, obwohl sie ja deutsch nicht richtig konnten. Eine unglaubliche Leistung!

Ich wußte, daß sie mich einigermaßen verstehen konnten. Aber ich wußte nicht, was sie nicht verstanden. Ich wußte, daß viele Türken aus kleinen Dörfern stammen. Also nahm ich an, daß Sahins und Ümits Eltern auch aus einem Dorf nach München gekommen waren – Welten lagen dazwischen. Wie konnten sie mich verstehen?

Sie waren scheu, und ich war scheu. Aber ich wollte sie kennenlernen, und so tastete ich mich vorsichtig an sie heran.

Sahin lernte ich besser kennen, als ich im Sportunterricht die Kinder „spaßraufen" ließ. Auf einer dicken Matte raufen immer zwei Kinder miteinander, im Spaß, mit der eisernen Regel, einander nicht wehzutun. Deshalb ziehen die Kinder vor Beginn des Kampfes die Schuhe aus. Wenn der Gegner am Boden liegt, zählt man bis zehn, und der Kampf ist zu Ende. Die Buben lieben dieses Spiel, die meisten Mädchen brauchen etwa ein Jahr, bis sie sich auch trauen.

Sahin stand da, dribbelte wie ein Boxer behend und leichtfüßig hin und her, gelassen und ruhig, packte seinen „Gegner" und legte ihn mit geschicktem Fuß- und Handgriff auf die Matte. Sofort wollte es der nächste wissen und stellte sich zum rituellen höflichen Gruß auf. Sahin dribbelte locker und schon selbstbewußter, packte den neuen Gegner und legte ihn mit einer geschickten Bewegung wie den ersten auf die Matte. Da wurden alle Buben aufmerksam. Sie stellten sich in einer Reihe auf, und einer nach dem anderen wurden sie von Sahin besiegt: sachlich und fair, als erledige er ein ernsthaftes Geschäft.

Ich hatte großen Spaß, die Kinder lachten mit, und Sahin war der König der Turnstunde. Keiner konnte ihn auf die Matte legen. Sahin war stolz auf sich, selbstbewußt sprach er mich in der folgenden Pause auf seinen Erfolg an. Vielleicht fühlte er sich ein bißchen besser „erkannt" von uns, das heißt, er konnte uns zeigen, was er „kann". Er war kein hilfloses Mamakind, sondern ein körperbewußter und in sich ruhender Junge. Er wurde selbstbewußter seinen Mitschülern und auch mir gegenüber, auf allen Gebieten. Die anderen Kinder respektierten ihn, er konnte auf sie zugehen,

Ich hatte einmal mehr gelernt, daß es für mich und die Kinder besser ist, nicht zu schnell über sie „Bescheid zu wissen". Und vor allem, daß jedes Kind wahrgenommen werden will, daß es aus der Masse heraustreten und sich zeigen will. Mein Spaß an ihnen ist Bestätigung und Motivation.

Sahin und ich lernten uns immer besser kennen, unterhielten uns oft, und er faßte Vertrauen. So erzählte er einmal, er habe im türkischen Fernsehen einen Horrorfilm gesehen. Ich war entsetzt und riet ihm dringend ab, sich solche Filme anzuschauen, das sei Gift für ihn. Aber mit großem Genuß erzählte er mir haarklein, welche Gräßlichkeiten er gesehen hatte und, daß er in der Nacht schlecht geträumt habe. Schließlich gab ich ihm deutlich zu verstehen, daß ich nicht weiter zuhören wolle. Einige Tage später erzählte er mir mit verschmitztem Gesicht, er habe wieder einen Horrorfilm im türkischen Fernsehen gesehen. Ich fing wieder an zu jammern, aber es machte ihm Spaß, mich zu schockieren. Spielerisch genoß er seine Macht über mich, ich spielte eine Weile mit und beendete dann das Gespräch. Vielleicht hat er gerade durch die spielerische Art unseres

Gesprächs meine Botschaft erhalten: Ich will nicht, daß du so etwas siehst, weil du mir wichtig bist. Da ich die Fernsehgewohnheiten einer türkischen Familie sowieso sehr wenig beeinflussen kann, kann ich nur auf das Kind und nur als Besorgte einwirken, als eine Person, die sich für ihn interessiert, der er vertrauen kann.

Eines Tages kam er morgens strahlend auf mich zu und rief: „ich freu mich so!" Dabei hüpfte er mit beiden Beinen gleichzeitig vor Freude in die Luft. Er dürfe ins „Training". „Stell dir vor, wenn ich keinen Bruder hätte, könnte ich jetzt nicht ins Training." Weil der Bruder ihm Schuhe, Hemd und Wadenschoner schenke. Am nächsten Tag: „Ich freu mich so! Jetzt sind es nur noch zwei Tage!" Und er erzählte mir von all seinen Plänen, von seiner Aufregung und daß er schon gar nicht mehr schlafen könne.

Wenn die Kinder noch kaum lesen können, schreibe ich morgens immer einen oder zwei kurze Sätze über eines der Kinder an die Tafel, um sie zum Lesen zu motivieren. Am nächsten Tag stand also da: **Sahin freut sich auf Freitag. Dann darf er Fußball spielen.**

Sahin kam ins Klassenzimmer. Als er mich sah, strahlte er und rief: „Morgen! Morgen!" Ich deutete an die Tafel. Er las, was da stand, verstand es und hüpfte glücklich in die Luft. Die anderen Kinder bemühten sich, den Satz auch zu entziffern, und alle freuten sich.

Am nächsten Morgen stand an der Tafel: **Sahin kann sehr gut bolzen. Er hat schon ein Tor geschossen.**

Strahlend betrat er das Klassenzimmer und erzählte begeistert von seinem ersten Training. Als die anderen Kinder ihn darauf aufmerksam machten, daß etwas über ihn an der Tafel stand, las er – schon sehr routiniert – und erzählte, wie es gewesen war.

Auf diese Weise erfahre ich von den Lieblingsbeschäftigungen der Kinder und von ihren Sehnsüchten, von ihren Freuden, ihren Ängsten. Jedes Kind kann so sich selbst erkennen und die anderen, aber nicht vor allem im Schülersein, sondern im Kindsein in der Schule.

Einige Wochen später erzählte Ümit, daß er nun auch zum Training gehe, dann stand noch einmal etwas über beide Fußballer an der Tafel. Sie kamen beide mit ihrem Fußballdress in die Klasse, und ich fotografierte sie. Im Sportunterricht waren nun Sahin und Ümit die Anführer, wenn Fußball gespielt wurde, und sie motivierten einige Buben, mit in den Fußballverein zu gehen. Unsere Beziehung festigte sich durch die gemeinsame Erfahrung der Vorfreude und die späteren Erlebnisse mit dem Fußballspielen.

Ümit

Ümit war sehr klein, als er in die Schule kam. Seine Finger waren ungelenk, und er konnte lange Zeit die Buchstaben nicht richtig schreiben. Außerdem war er sehr verspielt und wollte immer nur mit seinen Freunden herumtollen. Die Mutter hatte mir schon in der ersten Schulwoche erzählt, sie glaube nicht, daß er schulreif sei.

Nun ist es mein eiserner Vorsatz, jedem Kind, das mir anvertraut wird, zunächst alles zuzutrauen, es mit all meinen Kräften zu unterstützen und seine Stärken zu benutzen, um Schwächen auszugleichen. Ümit war rasch sehr beliebt, weil er so lustig war, und bald war ich in ihn verliebt. Er konnte wunderschöne, witzige und eigenwillige Bilder malen. Aber alles andere rauschte mehr oder weniger an ihm vorbei. Eigentlich verstand er fast überhaupt nicht, was von ihm erwartet wurde und war oft sehr niedergeschlagen. Schließlich lernte er durch tägliches Üben mit mir doch allmählich ein bißchen lesen, und am Ende des ersten Schuljahrs las er – mit Mühe – kurze Sätzchen. Dann kamen die großen Ferien – sieben Wochen verbrachte die Familie in der Türkei.

Am Anfang des zweiten Schuljahrs konnte Ümit kein Wort mehr lesen, nicht schreiben und das Rechnen hatte er auch vergessen. Tagelang saß er wie geistesabwesend auf seinem Stuhl. Besorgt beobachtete ich ihn, sprach ihn immer wieder an, aber allmählich gewann ich die Überzeugung, daß er tatsächlich nicht anwesend war.

Ich setzte mich mit ihm in eine Ecke und fragte ihn nach seinen Erlebnissen in der Türkei, ließ mir genau erklären, wie es dort aussieht, bat ihn, mir ein Bild von dem Dorf zu malen, wo er zuhause ist.

Und ganz allmählich konnte ich mir ein Bild machen von Ümits Lebensumständen. Sein Großvater, den er über alles liebte, war sehr krank, lag immer im Bett, und Ümit hatte viel Zeit bei ihm am Bett verbracht. Dieser Großvater hatte ihm einen Hund geschenkt, Ümits große Liebe. Er erzählte mir lange Geschichten über diesen Hund und malte mehrere Bilder von ihm. Und nun war er wieder in München, ohne den Großvater, ohne den Hund. Aber mit all seinen Gedanken, mit seiner ganzen Seele war er dort in diesem Dorf geblieben. Alles, was er hier in München gelernt hatte, mußte er vergessen, vielleicht aus Protest, vielleicht aus Solidarität mit dem türkischen Großvater. Ich weiß es nicht.

Aber nachdem er uns allen oft und viel von seinem Dorf erzählt hatte, konnte er allmählich wieder hier bei uns ankommen. Das Lesen und Schreiben aber hatte er verlernt. Schließlich sprach ich mit seiner Mutter, und wir verabredeten, noch eine Weile zu warten, dann aber mit ihm über die Möglichkeit zu sprechen, das erste Schuljahr zu wiederholen.

Ich verabredete mit einer Kollegin, daß Ümit eine Woche in ihrem ersten Schuljahr zur Probe mitmachen könne. Die Kinder meiner Klasse informierte ich genau und bat sie, Ümit zu helfen, weiter mit ihm in der Pause zu spielen, ihn zu beschützen, wenn nötig.

Nach dieser einen Woche wollte Ümit nicht in der ersten Klasse bleiben, weil ihm zu langweilig war, weil er, wie er sagte, schon alles könne und weil die Kinder dort „zu laut" seien. Bei uns, mit unserer „Freiarbeit", während der sich alle Kinder selbständig beschäftigen, ist es in der Regel sehr leise. Aber am Anfang des ersten Schuljahrs war es auch bei uns lauter gewesen. Ich bemühte mich, ihm den Wechsel schmackhaft zu machen, aber er kam oft zu mir und schien nicht glücklich zu sein. Seine Mutter kam mehrmals in meine Sprechstunde und erzählte mir, er sei traurig, habe häufig Nasenbluten und könne nicht einschlafen.

Nun wurde ich wieder unsicher, besprach mit seiner neuen Lehrerin, was wir tun sollten und entschied mich, noch etwas zu warten, bevor ich ihn eventuell wieder in meine Klasse nehmen wollte.

Ich hätte Ümit gern vorübergehend wieder eine Weile zu mir genommen, damit er hätte merken können, daß es schöner ist, alles gut zu verstehen als immer unsicher zu sein, immer hilflos und ständig zuschauen zu müssen, wie andere viel mehr können.

Mein Wunsch wurde als total übertriebene Rücksicht bewertet, und man hatte keinerlei Verständnis dafür. Also entschieden wir uns – schweren Herzens – Ümit im ersten Schuljahr zu lassen und eben weiter liebevoll zu betreuen. Sein Freund Sahin war die Verbindung zwischen ihm und uns, und um Weihnachten herum hatte Ümit den Wechsel geschafft und begann davon zu profitieren. Zum erstenmal konnte er souverän mit all den Anforderungen der Schule umgehen, wurde selbstsicher und wieder glücklich.

Jedes einzelne Kind liegt mir am Herzen, jedes Kind hat seinen besonderen Charme, wenn ich danach suche, hinschaue, und es auch an mir teilhaben lasse. Heilsam wird unser Zusammensein durch Freundschaft und Vertrauen.

Kreativität als Beitrag zur Persönlichkeitsentwicklung

Trixi Haberlander

Jahrelang war die Kreativität in die Bastelecke verbannt. Auch Meinungsäußerungen wie „Mein Kind benötigt keine Kreativität, es soll ja später nicht Maler werden." sind zwar immer noch zu hören, doch ist feststellbar, daß sich ein Bewußtseinswandel vollzieht und die Erkenntnis verbreitet, daß unser gesamtes Dasein und jeder Beruf schöpferische Kraft, Schaffenskraft erfordert.

In Notzeiten ist diese Kraft, diese Gabe, Neues zu erdenken, zu erfinden und umzusetzen, unerläßlich. Um zu überleben, müssen Dinge des Alltags anders als gewohnt benützt, liebgewordene Denkmuster zugunsten ungewöhnlicher Lösungen aufgegeben werden.

In Stellenanzeigen werden kreative, fähige Mitarbeiter gesucht. Es ist gar nicht so einfach, diese Eigenschaften aus dem Hut zu zaubern. Kinder besitzen sie im Übermaß, aber im Lauf des Erwachsenwerdens bleiben sie oft auf der Strecke, wenn ihr Wert gesellschaftlich nicht anerkannt, gehütet und gefördert wird. Jedem von uns fallen zahlreiche Kreativitätskiller ein, unser Schulsystem kann nicht ausgenommen werden.

„In unserem Gesellschaftssystem", das *„die rechte Gehirnhälfte, die für Kreativität, Gefühle, bildhaftes und ganzheitliches Denken zuständig ist, dramatisch vernachlässigt"* (Roger Sperry), bleibt die Ganzheitlichkeit des Menschen unangesprochen. Erst wenn Gefühl und Bewegung wieder ins Bewußtsein geraten und Geltung erlangen, werden Musik, Tanz und bildnerisches Gestalten wieder zu gleichrangigen, grundlegenden Bereichen wie die Geisteswissenschaften.

Die für alle menschlichen Tätigkeiten notwendige Innovationskraft wächst allein aus der Kreativität.

„Früher zeichnete ich wie Raffael, aber ich brauchte ein Leben, um zeichnen zu lernen wie ein Kind." **(Pablo Picasso)**

Wenn Kinder zeichnen, führen sie einen Dialog mit sich selbst. Dabei wird ein in ihnen selbst liegendes Kommunikationssystem in Bewegung gebracht. Was Kinderhände schaffen, ist beseelt von dem, was sie empfinden, entdecken, be- und verarbeiten. Ihr Ziel ist nicht das Ergebnis, das schöne Bild, sie wollen vielmehr ihre innere Vorstellung zu Papier bringen.

Mit ihrer Zeichnung können sie erzählen, Sachverhalte klären und Erlebnisse darstellen, oft begleitet von Gedanken und Geschichten. Wo Worte fehlen, wo Begriffe zu wenig anschaulich sind, um wirklich begriffen zu werden, kann die Sprache der Bilder weiterhelfen.

Durch die Farbwahl beim Malen drücken sich Gefühle und Stimmungen aus. Dies ist eine Chance, auf Gefühle zu hören und sie ernst zu nehmen.

Die schöpferische Kraft und die Bildsprache der Kinder stehen im Zentrum ihrer Individualität. Sie sind Werkzeuge, um die eigene Identität aufzuspüren und das gefundene Ich zu stärken. Sie sind die Mittel, die das Selbst zur Entfaltung bringen und zu innerer Freiheit führen. Jedes Kind hat dieses Potential in sich, das aktiviert werden kann.

Das bildnerische Gestalten mit Kindern ist kein einfacher und unbedeutender Zeitvertreib, keine „Kinderbeschäftigung" (es gibt wohl niemanden, der es so wenig nötig hat, von jemandem oder mit etwas beschäftigt zu werden, wie die Kinder). Bildnerisches Gestalten fördert Flexibilität, Selbstbewußtsein, Assoziationsvermögen, Vorstellungskraft und Erfindergeist. Es beeinflußt die gesellschaftliche Einstellung und Haltung eines Menschen. Eine Gesellschaftsform läßt sich daran messen, ob und wieviel Kreativität in ihr entstehen kann und geduldet und mitgetragen wird. Kreativität bewegt das Kulturverständnis und hinterfragt bestehende Ordnungssysteme – stellt die Demokratie auf die Probe. Wo Kreativität nicht möglich ist, stellen sich Sinnlosigkeit, Apathie und Angst ein.

Künstlerische Tätigkeit mobilisiert Kräfte, um Ängste zu bewältigen. Man ist nicht weiter hilf- und tatenlos, sondern kann Schreckens- und Trauerphasen gestalten. Sich auszudrücken ist eine Chance, die Wirklichkeit zu bewältigen. Innere Bilder zum Ausdruck zu bringen, schenkt ein hohes Maß an Zufriedenheit. Das Erfolgserlebnis, wenn die eigenen Entscheidungen eine Arbeit gestalten und zu Ende bringen, stärkt die Persönlichkeit auf ganz besondere Weise. Das selbsttätige künstlerische Erleben und die daraus entstehenden Erfahrungen ermöglichen Verständnis für sich und andere – die für uns alle notwendige Toleranz.

Wer in Bildern denkt, sieht größere Zusammenhänge – erweitert sein Gesichtsfeld.

Besonders für Kinder in kritischen Situationen ist es wichtig, daß Erlebnisse und Eindrücke nicht ins Unterbewußte gedrängt werden und unzugänglich bleiben.

Im schöpferischen Arbeiten können Energien positiv genutzt werden. Die Lebenssituation des Kindes ist Ausgangspunkt des gestalterischen Prozesses. Linien und Farben sind vom individuellen Gefühl des Kindes durchdrungen. Die Bildsprache der Kinder mit ihrer intensiven Gefühlsqualität führt uns unmittelbar ins Zentrum dessen, was ein Kind gerade beschäftigt, wovon es bewegt wird. Die Bilder von Kindern sprechen uns spontan an, weil sie eine authentische Aussage haben. Sie sind nicht vom Wunsch nach einer bestimmten, vorgeschriebenen Ästhetik gegängelt, sondern Ausdruck ihres ganz persönlichen Wesens.

So haben die bildlichen Äußerungen von Kindern mit ihrer Überzeugungskraft, ihrer Individualität und Originalität den Expressionisten auf der Suche nach einer neuen und wahren Bildsprache als Vorbild gedient.

„Es ist eine unbewußte, enorme Kraft im Kinde, die sich hier äußert, und die das Kinderwerk dem Werke des Erwachsenen gleich hoch (und oft viel höher!) stellt." (Wassily Kandinsky, 1912)

„Wüchsen die Kinder in der Art fort, wie sie sich andeuten, so hätten wir lauter Genies." **(Goethe, aus: Dichtung und Wahrheit)**

Die unbändige Phantasie, die unbeschwerte Originalität, der grandiose Einfallsreichtum und die eifrige, nimmermüde Entdeckerfreude sind es, die uns an Kindern so faszinieren. Warum versuchen wir dann so oft, sie auf unser Erwachsenenmaß zurechtzustutzen? Warum gehen diese kindlichen Stärken später so häufig verloren?

Wer mit Kindern spielt, zeichnet oder malt, erlebt mit Staunen deren unendlichen Reichtum an Ideen und Spontaneität. Manchmal, wenn wir es schaffen, die Zügel zu lockern, die uns unser Verstand angelegt hat, haben wir das Glück, diese reiche Welt zu erahnen. Dies hilft uns, die Kinder in ihrem Schaffen nicht zu bevormunden: Jede Darstellungsform ist möglich. Es gibt kein Richtig oder Falsch, das Individuelle zählt. So unterschiedlich wir als Personen sind, so vielfältig sind auch unsere Ausdrucksformen.

Unser Geschenk an die Kinder könnte mehr Zurückhaltung sein, um sie in ihrem künstlerischen Wirken nicht zu bevormunden, eine Art Begleitung im Hintergrund. Unsere Aktivität und Phantasie sind jedoch gefragt, um den Kindern Freiräume zu schaffen. Räume im örtlichen Sinn und Raum im Sinne von Wichtigkeit und Wertschätzung. Ein solcher Rahmen für ihre Kreativität dient ihrem seelischen Gleichgewicht.

Dazu gehört auch, daß wir eine Vertrauensbasis schaffen und vor allem die Bedürfnisse der Kinder ernst nehmen müssen.

Ein liebevolles Verhältnis stärkt den Mut der Kinder zum Experimentieren, Entdecken, Ausprobieren von Ungewöhnlichem. Ein kreativer Akt braucht auch Zeit und Geduld. Etwas wirklich Eigenständiges und Neues zu schaffen, erfordert die nötige Ruhe. Eile verführt eher zu einem schnell hingeworfenen Klischee.

„Es besteht kein Unterschied darin, die Welt zu lieben und die Welt zu malen."
(Zitat aus: Der Senfkorngarten, ein historisches, chinesisches Lehrbuch für Malerei.)

Malendes Mädchen, von Suzanna, 7 Jahre, aus Albanien.

Herz. 9-jähriges Mädchen aus Bosnien. *Durchstoßenes Herz; der Pfeil weist in Richtung der vergangenen Heimat.*

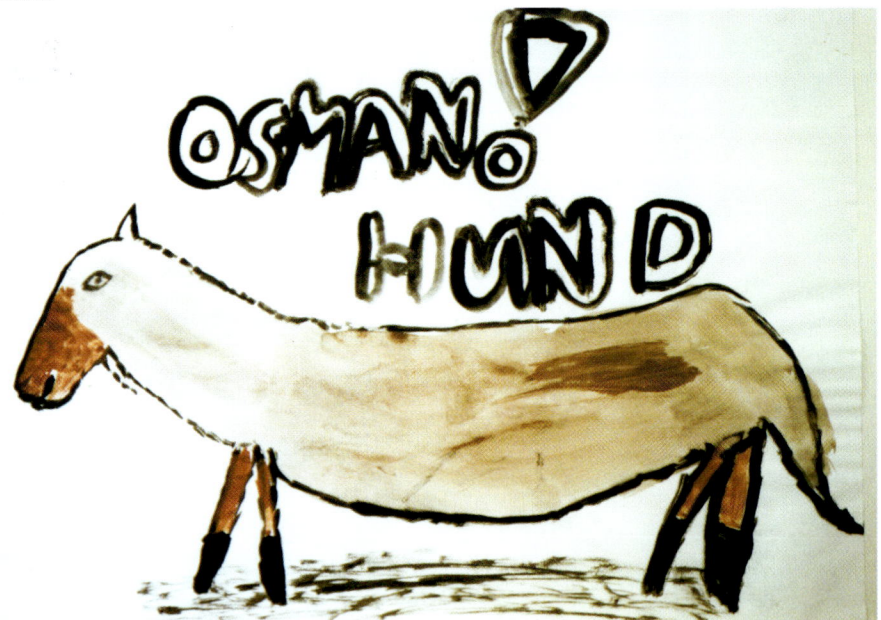

Osman. 12-jähriger Junge aus Albanien. *Hund, der zurückgelassen wurde.*

Zuhause keine Ruhe

Wie Flüchtlingskinder ihren Alltag erleben

Harriet Austen

Zwei Häuser mit je 60 Blechbüchsen nebeneinander und aufeinandergestapelt. Valbon hat das gemalt: öde Parzellen ohne Gesicht. „Das ist meine Wohnung", sagt der Bub und deutet auf einen Kasten oben links. Den malt er bunt aus, mit Bett, Schrank und Regal.

In jedem Container eine Familie, maximal bis zu fünf Personen. Wenn sie zu sechst sind, erhalten sie noch einen Raum aus Stahl. Innen ist es eng, im Sommer zu heiß, im Winter zu kalt. 5,80 Meter mal 2,80 Meter. Da muß allerhand reinpassen. „Wir wohnen vier Personen in meinem Zimmer", erzählt Valbon. Er ist sieben Jahre alt und kommt aus Kosovo-Albanien; dort hatten sie ein Haus. In dem Zimmer gibt es: „Blumen, TV, Schrank, Kassettenrecorder, Video, Betten." Alles, was den Eltern lieb und teuer ist hier in Deutschland – und was das Warten ein wenig erleichtert.

Wie leben Kinder in so einer drangvollen Enge? Wie fühlen sie sich zusammen mit den Eltern und Geschwistern in einem einzigen Raum, zusammen mit Familien aus aller Herren Länder in einem Haus?

Um die Flüchtlingskinder selbst erzählen, malen und fotografieren zu lassen, wie sie ihren Alltag in Deutschland empfinden, organisierten die Kinderorganisation *Children for a better world* zusammen mit dem *Abenteuerspielplatz Hasenbergl* ein Projekt:

Alle Arbeitsschritte wurden von den Kindern und Jugendlichen miteinander geplant, besprochen und durchgeführt. Sie führten Regie, überlegten sich die Fragen und bestimmten die Fotomotive. „Die Erwachsenen hielten sich bis auf ein paar Hilfestellungen und Tips zurück", erzählt Projektleiterin Barbara Rotter.

Die Sozialpädagogin arbeitet in München auf dem Abenteuerspielplatz Hasenbergl, kurz ABIX genannt. Hasenbergl, das ist ein sozialer Brennpunkt in der bayerischen Hauptstadt. Hier wohnen die meisten Sozialhilfeempfänger, hier häufen sich Probleme wie Armut, Arbeitslosigkeit, Drogenmißbrauch, Gewalt, Vernachlässigung und chaotische Familienverhältnisse.

180 Kinder und Jugendliche zwischen 6 und 14 Jahren kommen regelmäßig auf den Abenteuerspielplatz. Hier fühlen sie sich wohl, hier werden sie angenommen, hier finden sie Freunde, hier hört ihnen jemand zu oder stellt ihnen eine warme Mahlzeit auf den Tisch. Ein niedrigschwelliges Angebot, das die Krisensituation im Stadtteil auffängt durch interkulturelle Arbeit, Mädchen- und Jungenarbeit, Hilfen bei Konflikten.

Ganz in der Nähe liegt eine staatliche Sammelunterkunft für Asylbewerber. In dem Containerlager leben derzeit ca. 500 Personen, davon 250 Kinder. Ein bunter Nationalitätenmix: Afghanen, irakische Kurden, Kroaten, Bosnier, Kosovo-Albaner, Afrikaner aus verschiedenen Ländern. Alle warten: auf den Ablauf des Asylverfahrens, auf die Verlängerung der Duldungsfrist, auf eine Aufenthaltsgenehmigung, auf eine eigene Wohnung, auf die Heimkehr, auf Arbeit, auf Geld, auf bessere Zeiten.

Rund 60 Kinder aus der Unterkunft kommen ins ABIX, 30 davon regelmäßig. Die Zusammenarbeit mit den Eltern ist gut, im Sommer wird multikulturell gefeiert und gekocht.

Auf ausdrücklichen Wunsch der beteiligten Kinder entstand aus dem bisher geplanten „Flüchtlingskinderprojekt" ein internationales Projekt: befreundete deutsche und ausländische Kinder zeigen, wie sie wohnen.

„Den Kids war ganz wichtig, den krassen Unterschied herauszuarbeiten, wie Einheimische und Flüchtlingsfamilien leben", sagt Barbara Rotter.

Die Aktion begann während eines Sommerferienlagers. Hier hatten die 25 Mädchen und Jungen (Alter 9 – 13 Jahre) und ihre Betreuer genug Zeit und Ruhe, sich die ersten Gedanken über das geplante Mal- und Fotoprojekt zu machen. Anfangs kamen nur wenige in die Besprechungsrunde, doch dann waren alle Feuer und Flamme. Die jungen Menschen merkten einfach, daß sie ernstgenommen wurden und daß sie endlich einmal Gelegenheit erhalten sollten, „den Erwachsenen zu demonstrieren, was für ein Leben die Flüchtlingsfamilien hier haben und wie gut es uns dagegen geht." Das sollte in drastischen Bildern geschehen. Sie einigten sich deshalb alle, ihre Zimmer zu öffnen.

Zurück in München wurde als erstes im ABIX ein Malwettbewerb

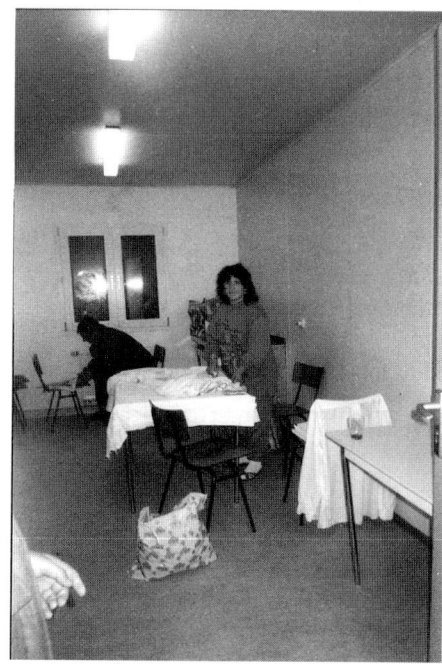

durchgeführt. Teilgenommen haben zehn jüngere Kinder, Thema war die Wohnsituation. Häufigste Motive: der Inhalt ihrer Zimmer, die Schachteln des Containerlagers, das Haus in der Heimat.

Barbara Rotter erinnert sich: „Beim Malen haben die Kinder angefangen, ganz viel zu erzählen. Sie haben über ihre Wohnung gesprochen, was sie vermissen, was sie gut finden. Es war für uns teilweise recht beklemmend, aber die Kinder empfinden es gar nicht als so schlimm." Als der kleine Massi sein Bild von den Containerblöcken mit den unendlichen Fensterreihen zeigte, sagte ein Bub: „Das sieht ja aus wie ein Gefängnis." – „Ja", antwortete Massi achselzuckend, „so sieht es halt aus. Aber ich kann herausgehen."

Noch engagierter waren die älteren Kinder beim Fotografieren. Das ABIX-Team stellte neun einfache Kameras zur Verfügung, mit denen die Kids äußerst sorgsam umgingen. Sie zogen damit durch das Flüchtlingslager bzw. durch ihre Wohnungen und knipsten aus ihrer Sicht und aus ihrer Perspektive, was ihnen wichtig war und womit sie deutlich machen konnten: „so leben wir!" Angeführt wurde die Fotoaktion von zwei neun- bzw. zehnjährigen Mädchen. „Vlora war die Mutigste", erzählt Barbara Rotter. „Sie hatte so eine selbstverständliche Art, daß sie jetzt kommt und daß sie jetzt was Wichtiges zu tun hat."

Deshalb ließ sich Vlora von den Erwachsenen im Lager auch nicht verscheuchen. Sie fotografierte ungeniert, was ihr vor die Kamera kam: ein dreckiges Klo, ein volles Zimmer, ein überquellender Schrank, das Hinterteil einer Köchin, der öde Aufenthaltsraum, unaufgeräumte Betten, den hellerleuchteten Flur als einzige Möglichkeit zum Spielen. Kein Wunder, daß die Leute im Heim langsam sauer wurden und die Kinder vertrieben.

Aber auch die anderen machten mit ihren Bildern deutlich: Im Lager gibt es keine Privatsphäre, keine Ruhe, keine Rückzugsmöglichkeit, keinen Platz. Alles ist öffentlich: Kochen und Essen, Waschen und Bügeln, Duschen und aufs Klo gehen, Hausaufgaben machen und Spielen, Telefonieren und Fernsehen. Dabei gilt das Recht des Stärkeren: Wenn die Männer im Aufenthaltsraum Schach spielen, haben die Kinder hier nichts mehr zu suchen.

Den Kids hat die Fotoaktion Spaß gemacht. „Wir fanden es wichtig, unsere Situation darzustellen, weil wir wissen, daß die Deutschen uns nicht haben wollen. Wir können ihnen jetzt zeigen, daß wir hier nicht wie die Könige leben", faßt der elfjährige Boris die Meinung der Gruppe zusammen.

Um den Unterschied zum Ausdruck zu bringen, öffneten die deutschen Kinder ihre Wohnungen. „Ich habe ein Kinderzimmer mit einem eigenen Bett. In der Küche können wir kochen, was wir wollen, und essen, wann wir wollen. In unserem eigenen Bad werde ich nicht gestört und brauche keine Angst zu haben, daß mich jemand belästigt. Und ich kann in Ruhe meine Hausaufgaben machen", erzählt die zehnjährige Sabrina, die mit ihren Eltern eine Drei-Zimmer-Wohnung hat. Ihr und ihren Freundinnen ist durch die Aktion erst richtig bewußt geworden, daß die Asylfamilien auf noch viel engerem Raum zusammenleben als eine durchschnittliche Hasenbergl-Familie.

Dritter Bestandteil der Aktion, die sich insgesamt über vier Wochen hinzog und an der 42 Kinder teilnahmen, waren Interviews. Gemeinsam erstellten die deutschen und ausländischen Kinder den Fragenkatalog. Sie bestimmten die 13jährige Christine, ein ruhiges und zurückhaltendes Mädchen, zur Interviewerin. Sie sammelte Grüppchen von 4-5 Kindern in einem kleinen Raum im ABIX, wo sie ungestört miteinander reden konnten. Das war auch gut so, denn „bei den Interviews waren die Kinder sehr aufgewühlt und haben oft geweint. Sie haben von ihren Erlebnissen im Krieg und von der Flucht erzählt. Was mich gewundert hat, war, daß sie sich untereinander so geöffnet haben und keine Scham voreinander hatten", berichtet Barbara Rotter.

Die Fragen bezogen sich auf das Alltagsleben:

- Wie viele Leute wohnen in einem Zimmer und was steht alles drin?
- Wie ist das für dich mit so vielen Leuten in einem Zimmer?
- Wie ist es in der Früh für dich – kannst du dich in Ruhe waschen und aufs Klo gehen?
- Wie ist es, mit so vielen Leuten in einem Haus zu leben?
- Wie ist es, wenn sich so viele verschiedene Leute eine Küche teilen müssen?
- Kannst du in Ruhe deine Hausaufgaben machen?
- Warum kommt die Polizei so oft zu euch und was will die?
- Warum wollen Banditen euer Heim überfallen? Was denkst du?

„Ich mag nicht mit meinem Papa und meiner Mama schlafen", sagt die Zehnjährige, die ihre Intimsphäre nicht wahren kann. Auch nicht im Bad: „schrecklich, wie in einem Gefängnis – tausende Jungen. Wenn ich die Hände wasche, redet immer jemand mich blöd an."

Zuhause keine Ruhe zu haben, das heißt für die Kinder in der Unterkunft:

Kein Schlaf vor Mitternacht
„Die Leute sprechen laut: Um 2 Uhr nachts ist immer noch Krach. In der Früh' bin ich ganz müde." (Samir)

Sich beeilen beim Duschen oder Klogehen
„Wenn ich dusche, kommt einer und sagt, mach schneller. Das nervt mich. Oder wenn ich aufs Klo will, macht einer das Licht aus und an oder klopft." (Mubina)

Nicht in Ruhe spielen können
„Viele ärgern uns beim Spielen. Es gibt einen Saal, der ist für Kinder. Aber jetzt ist das Telefon da und es ist schrecklich. Wir haben nie unsere Ruhe. So wie jetzt kann ich nie reden." (Vlora)

Keine Rückzugsmöglichkeit haben
„Alle können ins Zimmer schauen. Das ist blöd. Die Männer schlagen immer und streiten wegen der Kinder, die Männer schreien." (Samir)

Ärger in der Küche
„Wenn meine Mutter nur Kaffee kochen will, dann muß sie lange warten. Die Leute vermischen die Töpfe, nehmen unsere. Besteck verschwindet einfach." (Nebojsa)

Keine Zeit für die Hausaufgaben
„Weil in meinem Zimmer sind so viele Leute. Dann kommt mein kleiner Bruder und stört. Im Saal auch. Keiner hilft mir dann." (Nina)

Angst vor der Polizei
„Ich hab' ein bißchen Angst vor der Polizei, weil ich meine, daß die uns wieder nach Bosnien schicken. Sonst habe ich keine, wenn sie zum Streit schlichten kommen." (Nina).

So bewußt den Kindern die Nachteile und Mißstände sind, die sie in einem Asylbewerberlager aushalten müssen, so klar sind ihnen auch die Vorteile eines Aufenthaltes in Deutschland. Und so kommt es auf der zum Schluß gemeinsam erstellten Hitliste „Was gefällt dir hier?" zu folgenden Äußerungen:

„Gott sei Dank, hier gibt's keinen Krieg."
„In der Stadt ist Ruhe."
„Mehr Schule. Ich kann hier mehr lernen."
„Hier kann man in Ruhe wohin gehen."
„Ich habe Freunde in der Klasse."
„Ausbildung ist umsonst. Bei uns muß man bezahlen."
„Im Heim viele Menschen, viele Freunde, Spaß auch."
„Es gibt mehr Ärzte."
„Wir können hier mehr feiern."
„Ein Haus, kein Streit, hier ist mein Opa."

„Zuhause keine Ruhe" – inzwischen eine Ausstellung aus Texten, Zeichnungen und Fotos, die zur Freude und zum Stolz der Kinder schon häufig in München gezeigt wurde und großes Interesse hervorruft. Und zum Nachdenken und Nachmachen der Aktion anregt.

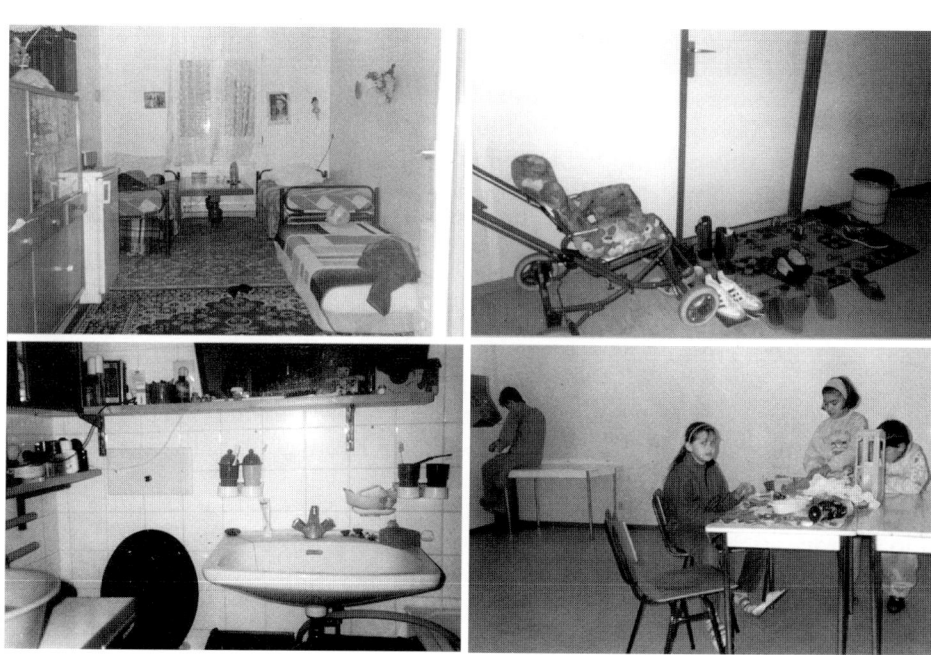

Ich besiege alle Drachen
Kunstwerkstatt für Flüchtlingskinder

Margit Türk

Das Konzept der *Kunstwerkstatt* besteht darin, Kunst, Kultur, Kreativität und Phantasie dort möglich zu machen, wo sie in unserer Gesellschaft sonst keinen Platz finden – in den Asylbewerberunterkünften und in den Containerlagern. „Ohne Sprache" und Kontakte, in einer Situation mit ungewissem Ausgang findet man sich in unserer Kultur nur schwer zurecht.

Das Projekt *Kunstwerkstatt* richtet sich an die Kinder, die kaum Möglichkeiten finden, der Isolation ihrer Unterkünfte zu entkommen.

Kreativität fängt bei den Kindern an, und sie muß gefördert werden.

Ein phantasievoller Mensch kann sich nur auf seine Lern- und Lebensgeschichte berufen. Seine Erfahrungen, das, was er erlernt, erlitten, aufgenommen hat, sind der Hintergrund, aus dem heraus Ideen, Einfälle und Bilder entwickelt werden. Flüchtlingskinder haben viel erlebt und viel erlitten.

Kindern die Sprache der Kunst zu vermitteln und ihre Kreativität zu fördern bedeutet nicht nur, ihnen Kanäle zu öffnen, um ihre Erfahrungen zu verarbeiten, sondern auch, zur Entwicklung ihrer Persönlichkeit beizutragen. Kreative Menschen sind flexibel, sie finden sich schnell auch in ungewöhnlichen Situationen zurecht. Sie sind grundsätzlich bereit, neue Gegebenheiten mit einzubeziehen. Sie sind Menschen, die den Mut haben, sich selbst anzunehmen.

Das ist nicht immer leicht. Beengende und ungewollte Lebenssituationen setzen auch enge Grenzen. Die Grenzen, denen Kinder in Unterkünften für Asylbewerber ausgesetzt sind, wollen wir dadurch durchbrechen, daß wir den Kindern die Möglichkeit geben, mit künstlerischen Aktivitäten nach außen zu gehen, und u.a. gemeinsam mit hier lebenden Kindern Aktionen und Projekte zu erarbeiten.

Die Kinder haben oftmals mit Problemen zu kämpfen, deren Ursachen wir nicht kennen. Nur in einer kontinuierlichen Arbeit, bei der immer die gleichen Personen die Kurse leiten, kann sich ein Verhältnis von gegenseitigem Vertrauen und Respekt entwickeln. Die Kinder sehen sehr genau hin, mit wem sie es zu tun haben. Sie merken, wer es ernst mit ihnen meint. Wir müssen fähig sein, mit Verhaltensstörungen, Konzentrationsschwierigkeiten und Aggressionen umzugehen.

Wer engagiert mit Flüchtlingskindern arbeitet, weiß allerdings auch, wieviel Kraft, Kreativität, Mut und Phantasie in den Kindern steckt. Diese Kinder können aktiv mit ihrer Lebenssituation umgehen, wenn man ihnen die Chance dazu gibt, sie fördert und sie mit ihren Problemen nicht allein läßt.

Das bildnerische Gestalten ist eine Möglichkeit, traumatische Erlebnisse zu be- und zu verarbeiten. Von jeher versuchten die Menschen, ihre Welt, ihre Situation und ihre Gefühle in Malerei und Bildhauerei darzustellen, dadurch zu klären und zu bewältigen. Ängste werden sichtbar gemacht und dadurch gebannt.

Die Sprache der Bilder ist grenzenlos, ist universell. In der *Kunstwerkstatt* können Kinder, die aus verschiedenen Kulturkreisen kommen und keine gemeinsame Sprache haben, schöpferisch handeln. Sie können sich in ihren Bildern ausdrücken und verständigen. Ängste und Frustrationen werden zum Ausdruck gebracht, die Kinder finden eine Kommunikationsebene, die weit über ihre verbalen Möglichkeiten hinausreicht. Jedes Kind kann seinen eigenen Ausdruck, die eigene Bildsprache finden. Selbständiges, schöpferisches Arbeiten fördert das oftmals angeschlagene Selbstvertrauen.

Wir haben es mit problembelasteten Kindern zu tun. Mit ihren Erfahrungen von Flucht, Exil, Trauer und Krieg sind sie weitgehend alleingelassen und leben in den Unterkünften isoliert von der bürgerlichen Gesellschaft. Die Eltern, selbst schwer belastet, sind oft überfordert, die Probleme der Kinder aufzufangen.

Wir bemühen uns, dieser schwierigen Situation vor allem durch ein sehr gutes Vertrauensverhältnis zu begegnen. Nur durch kontinuierliche Arbeit gelingt es uns, ganz allmählich das Zutrauen der Kinder zu gewinnen.

Unsere Kurse finden regelmäßig einmal pro Woche in den Unterkünften statt. Wir versuchen, stabile Gruppen aufzubauen und das Zusammenleben zu fördern, sowie Vorurteile, die die Kinder untereinander haben, abzubauen. Dazu organisieren wir mit deutschen und hier lebenden ausländischen Kindern gemeinsame Projekte und Aktionen, wie z.B. Bastelaktionen, Häuser bauen in Münchner Parks, Theater- und Musikaufführungen, Experimente mit Sonnenenergie usw.

Die Ortswechsel sind eine zusätzliche Hilfe aus der Isolation und ermöglichen den Kindern auch langfristige Kontakte außerhalb.

Beim Theaterspielen, Maskenbauen, Malen und Werken erzählen die Kinder auch immer ein Stück eigene Geschichte. So können sie aus ihrer passiven Haltung herausfinden, sich nicht nur als Opfer verstehen, sondern kreativ mit ihrer Lebenssituation umgehen lernen. Langsam gewinnen sie wieder Vertrauen zu sich und in die Zukunft.

Die schöpferische Kraft und die Phantasie der Kinder, ihre eigenen Vorschläge und Ideen, ihre selbstentwickelte Bildsprache stehen im Mittelpunkt unseres Projekts.

Flüchtlingskinder gelten häufig als „schwierig", aggressiv, Störfaktoren in Schule und Nachbarschaft. Sie versuchen „anzukommen", indem sie den „starken Mann" spielen oder sich gänzlich zurückziehen, werden so von den anderen Kindern natürlich nicht akzeptiert, fühlen sich einmal mehr zurückgestoßen, usw., usw.. Um diesen Kreislauf zu durchbrechen, braucht es viel Einfühlungsvermögen von Seiten der Erwachsenen, die mit den Kindern unmittelbar zu tun haben. Aber es ist auch enorm wichtig, zu verstehen, und ggf. anderen begreiflich zu machen, warum dies so ist. Ihre besonderen Bedürfnisse müssen durch Ansprechpartner berücksichtigt werden.

Kinder sind durch Kriege am weitreichendsten geschädigt, weil ihre Entwicklung nachhaltig beeinträchtigt wird. Das, was sie erlebt haben, ist oft selbst für Erwachsene nur sehr schwer zu verarbeiten.

Flüchtlingskinder sind „Überlebende", wo andere gestorben sind. Sie waren in Situationen, die ihnen unglaubliche Stärken abverlangt haben: Verlust des Heims und der sozialen Geborgenheit, Flucht, Gefahr, extremer Hunger, Verlorenheit, Verlassenheit, Erfahrungen mit Gewalt zwischen Menschen, gegenüber Familienangehörigen und gegen sie selbst.

Dazu kommt die Erkenntnis, daß ihre Eltern sie nur unzureichend schützen können. Die Erfahrung von Gewalt und das vermeintliche „Versagen" der Eltern erzeugen Verlassenheitsängste und ein enormes Angriffspotential, das angesichts dessen, was ihnen vorher angetan wurde, notwendig ist zu ihrer eigenen aktiven – einschließlich aggressiven – Behauptung gegenüber anderen.

Ihre Entwicklung ist unausgewogen. Ungewöhnliche Stärken, für die sie zu jung sind, sind ebenso vorhanden wie ein hohes Maß an Verletzbarkeit, für das sie eigentlich zu alt sind.

Sehr wichtig für die Kinder ist die Eingliederung in die neue Umgebung und in das schulische Leben, um an der neuen Kultur des Zufluchtslandes teilnehmen zu können.

Wir können die Kinder auf einem Teil ihres Weges begleiten, versuchen, ihr Selbstbewußtsein zu fördern, ihre Stärken anzuerkennen und auszubauen.

Auch wenn wir wissen, daß wir nicht alle „Drachen" besiegen können, wollen wir doch versuchen, eine positive Veränderung der Lebensqualität von Flüchtlingskindern zu erreichen.

Drachen aus Keramik von Suad, 10, aus Bosnien.

Drachen aus Pappmaché von Suad, 10 Jahre, aus Bosnien.

Die Kunstwerkstatt in der Unterkunft

*von den KursleiterInnen der
„Kunstwerkstatt für Flüchtlingskinder"*

Wenn das Auto mit Christine und Vangeli, den Kursleitern der *Kunstwerkstatt*, um die Ecke biegt, warten die Kinder schon vor der Tür und laufen ihnen schreiend und brüllend entgegen. Auf ihre erste Frage: „Was machen wir heute?" werden verschiedene Vorschläge gemacht, auf die die Kinder meistens maulig reagieren („Das haben wir doch schon im Kindergarten gemacht!"). Im Gemeinschaftsraum, in dem der Kurs einmal wöchentlich am Nachmittag stattfindet, muß erst einmal Ruhe in die Gesellschaft gebracht werden.

Die Teilnahme an den Kursen ist freiwillig und kostenlos, das Material wird gestellt. Die Fülle an Werkzeug, Farben, Papier, die die Kinder sonst nicht kennen, verführt sie zur Verschwendung. Daß das Material, obwohl es für die Kinder umsonst ist, trotzdem wertvoll und kostbar ist, sie damit sorgfältig und sparsam umzugehen haben, muß den Kindern geduldig beigebracht werden. Manche Vorschulkinder, die aus weit entlegenen Gegenden (afrikanischen Dörfern) kommen, haben noch nie einen Stift oder Pinsel in der Hand gehabt und wissen nicht, was das ist. Sie nehmen Farben in den Mund, malen sich das Gesicht an oder benützen Pinsel als Stichwaffen. Also zeigen wir ihnen geduldig, wozu die Sachen (noch) gut sind.

Die Holzarbeiter unter den Kindern versammeln sich um Vangeli, der das Werkzeug ausgibt – Hämmer, Sägen, Feilen, auch Stichsäge und Bohrmaschine. Er macht ihnen zuerst – wieder einmal – klar, daß Hämmer nicht zum Herumwerfen da sind, aber bald bemühen sie sich, damit so umzugehen „wie die richtigen Handwerker".

Dann geht der Lärm erst richtig los, es wird gehämmert und gesägt, es entstehen Schiffe, Panzer, Hubschrauber, Musikinstrumente, das, was die Kinder sich selbst ausdenken und machen wollen. Beim Holzarbeiten kann man viel ablassen, „powern"; es sind vor allem die „wilden Jungs", die darauf stehen, aber nicht nur. Auch kleine, zarte Mädchen sägen die dicksten Klötze durch.

In der anderen Ecke entsteht um Christine die „ruhige" Oase. Da sind die KünstlerInnen am Werk, die Bilder malen, basteln oder mit Ton arbeiten wollen. Hier haben auch die kleineren Kinder ihren Platz, es gibt Gespräche – wogegen die Verständigung in der anderen Ecke nur schreiend möglich ist – und es kann sogar gekuschelt werden. Aus Ton entstehen phantastische Formen, Tiere und Landschaften und immer wieder Häuser, Häuser, Häuser. Häuser mit Dach, Kamin, Garten und Zaun. Die Kinder, die vom Dorf kommen, zählen alle Tiere von Katze bis Schwein auf, die es dort gegeben hat: „Und es hat dort so gut gerochen!"

Diese Kombination – das handwerkliche und das künstlerische Angebot – ist ideal, so kann man unterschiedliche Altersgruppen und Interessen berücksichtigen. Die größeren Kinder bleiben nämlich schnell weg, wenn in der gleichen Gruppe die Vorschulkinder sind („Kindergarten", „Babykurs").

Zu zweit tut man sich auch leichter, die Zuwendung gleichmäßig zu verteilen (und entgegenzunehmen). Diesbezüglich sind die Kinder sehr empfindlich. Manche Kinder haben ihre besondere Methode, Aufmerksamkeit auf sich zu lenken und zu erzwingen: die anderen Kinder beim Arbeiten stören, Werkzeug und Material verschleppen, Arbeiten der anderen Kinder kaputtmachen, raus- und reinrennen – und das alles möglichst lautstark. Wenn man sich darauf einläßt und sich nur noch damit beschäftigt, das Chaos zu ordnen, kann es einem passieren, daß man die Kinder, die wirklich ernsthaft arbeiten wollen, verliert. Die konzentriert arbeitenden Kinder gehen leichter unter. Man sollte ihnen deshalb zu Aufmerksamkeit verhelfen.

Anfangsschwierigkeiten

Zu Beginn eines Kurses entstehen gewisse Probleme, die aber kein Grund sein sollten, aufzugeben, denn viele dieser Probleme resultieren aus der Komplexität der Situation von Flüchtlingskindern. Wenn wir dies verstehen und nicht gleich enttäuscht sind, wenn nicht alles so läuft, wie wir uns das vorgestellt haben, werden sich manche Schwierigkeiten von allein lösen, dadurch, daß zwischen uns und den Kindern ein Vertrauensverhältnis aufgebaut worden ist. Andere Probleme lassen sich durch die Art und Weise bewältigen, wie wir auf die Kinder eingehen.

Manchmal ist es sehr schwer, die Kinder zu motivieren. Zunächst ist ein gutes und vielfältiges Angebot, das auf das Alter und die Interessen der Kinder eingeht, und eine sorgfältige Vorbereitung wichtig. Wenn wir mit den Kindern etwas machen, das uns selbst interessiert, können wir unsere Begeisterung auch übertragen. Kinder sind viel eher für etwas hochkompliziertes zu gewinnen als für etwas zu einfaches.

Es dauert, bis die Kinder selbst ihre Interessen herausfinden und als Vorschläge einbringen. Deshalb sind anfangs mehr die Anregungen der BetreuerInnen gefragt; kommen dann aber die Vorschläge, sollten wir uns überlegen, wie sie realisiert werden können – auch, wenn sie uns herausfordern.

Es soll auf eine ruhige Atmosphäre hingearbeitet werden. Die Kinder, die in der Unterkunft einem hohen Lärmpegel ausgesetzt sind, empfinden diese Ruhe nach einiger Zeit als sehr angenehm und weisen selbst „Störer" zurecht.

Die Kinder sind sehr schnell für etwas zu begeistern. Ist die Arbeit aber zu langwierig, verfliegt diese Begeisterung oft schnell. Dieser Unfähigkeit, sich auf eine Sache länger zu konzentrieren, können wir dadurch begegnen, daß wir die Kinder dann etwas völlig anderes machen lassen, aber wir sollten immer wieder darauf zurückkommen, daß da noch etwas zu Ende gebracht werden soll. Oft kommt das Kind dann wieder auf die ursprüngliche Arbeit zurück.

Die Kinder haben am Anfang Probleme, selbsttätig etwas zu machen, sie wollen alles vorgemalt bekommen, oder kopieren detailgenau die Arbeiten anderer Kinder. Wir sollten uns auf das Vormalen nicht einlassen, sondern versuchen, ihr Selbstvertrauen zu stärken, indem wir besonders anerkennen, wenn sie etwas eigenes gemacht haben.

Die Kinder zerstören ihre eigenen Arbeiten. Hier wird der Zorn der Kinder gegen uns gerichtet. Sie wissen genau, daß wir ihre Arbeiten wertschätzen. Neben anderen Ursachen für diese Wut kann dies auch ein Racheakt gegen uns sein, wenn sie sich ungerecht behandelt fühlen.

Das Aggressionspotential ist nach unseren Beobachtungen bei Jungen größer als bei Mädchen. Mädchen arbeiten meistens sofort „schön". Jungen reagieren sich oft erst mal ab, erst dann wird die nächste Arbeit ruhiger.

In einer Gruppe wurden Regenrasseln aus großen, festen Papprohren gebaut. Diese sollten zuerst angemalt werden. Während die Mädchen sich sofort viel Mühe gaben, möglichst schön zu malen, bearbeiteten die Jungs die Röhren wild, aggressiv mit Schwarz oder allen Farben übereinander. Danach wurden sie zerfetzt. Jetzt waren die Mädchen schon dabei, die Nägel in die Röhren zu schlagen, kreisförmig in regelmäßigen Abständen, so daß sich im Innern Sterne bildeten. Das mit den Nägeln fanden die Jungs jetzt wieder interessanter, und sie erbaten neue Röhren. Plötzlich wurden die Röhren bunt und die Farben standen nebeneinander. Jetzt kamen Reis und Papierschnitzel in die Rohre, die Enden wurden mit Papier und Kleister zugeklebt und mit Wolle zugebunden. Zum Schluß waren es die Jungs, die ihre Rasseln noch ganz besonders sorgfältig mit bunten Wollfäden und Bändern verklebten und verzierten. Die Rasseln erzeugten ein Geräusch wie Regen.

Es empfiehlt sich, am Ende des Kursnachmittags, eine „Schlußrunde" durchzuführen, bei der alle Kinder zusammengeholt werden und dabei jedes einzelne Werk anzuschauen, zu zeigen, lobend zu kommentieren. Das schätzen die Kindern sehr und ist für alle Beteiligten ein schöner, angenehmer Ausklang.

Grenzen überwinden
Chancen für den eigenen Entwicklungsweg

Jochen Baltzer

Wenn man sich dazu entschlossen hat, die eigene Lebenswirklichkeit mit Flüchtlingen zu teilen, kann es sich selbstverständlich immer wieder ereignen, daß man an eigene Grenzen stößt: Grenzen der Verständigung, der Vorstellungsfähigkeit, des inneren Tragen- und Aushaltenkönnens. In ihren Schicksalen und Erfahrungen begegnen wir eben vielfach „Kehrseiten", Rückseiten der weithin massenmedial verbreiteten, falsch glänzenden und leuchtenden Ansichtsbilder von der schönen neuen Globalisierungswelt. Aber erst, wenn wir diese „Rückseiten" in unsere Erfahrungswelt einlassen, wird unser Verständnis von der Weltwirklichkeit, in der wir ja auch selber leben, „rund".

An unseren Grenzen erfahren wir uns selbst. Selbstverständlich ist das oft schmerzlich. Aber es ist auch sehr wertvoll. Denn erstens lernen wir uns dabei selbst kennen – und das ist gar nicht so einfach in den hiesigen, von vielfältigen Zwängen, Unaufrichtigkeiten und Gewohnheitstheatralik durchzogenen „Normalwelten": Das Leben mit Flüchtlingen stößt einen immer wieder radikal auf die Grundfragen des menschlichen Daseins. Das befreit insofern, als es dazu beiträgt, auch in der eigenen Lebensführung (wieder) zutreffende Perspektiven einzunehmen, zu relativieren, Wichtiges von Unwichtigem zu unterscheiden, Prioritäten zu setzen und dafür auch zu kämpfen.

Zweitens kann man Grenzen ja auch überschreiten. Einerseits in die Weite: Man tritt in direkten Kontakt zu Menschen und ihren Themen, die man ansonsten vielleicht nur aus der Zeitung oder den Nachrichten kennt. Im Zusammensein mit ihnen betritt man kulturelle „Welten", die nicht selten so auch in keinem Reiseführer verzeichnet sind, die einfach Teil des ungeheuren kulturellen Reichtums der Menschheit sind, der niemals von irgendeinem Raster nationaler oder sonstiger kultureller Identitäten je erfaßt werden wird. Andererseits aber auch in die Tiefe: die Härte der existentiellen und moralischen Fragen, die das Dasein der Flüchtlinge oft stellt, führt einen unvermeidlich selbst an diese Fragen heran. Um nicht auch aufgeben zu müssen, indem man der grassierenden Hoffnungslosigkeit, Perspektivlosigkeit und Verzweiflung an der Menschheit recht gibt, wird man von den Erfahrungen der Flüchtlinge schrittweise dazu „angeschoben", den eigenen Blick von allen äußerlichen Besonderheiten unter Menschen zu nehmen und nach der Wirklichkeit des Menschlichen selber in der Welt zu fragen, nach der Stellung von uns Menschen in der Wirklichkeit der Welt, die uns umgibt.

Spannend an der Arbeit mit Flüchtlingen wird so: sich im eigenen Leben der Herausforderung wirklich zu stellen, die der in die Zukunft weisende Prozeß der Herausbildung von „Weltkultur", von menschheitlicher Orientierung des Bewußtseins, bedeutet. Daß dieser Prozeß unverzichtbar ist, ergibt sich allein schon aus der zunehmenden Bedrohtheit unseres Planeten. Belassen wir es an dieser Stelle bei einem Hinweis auf die drohenden Veränderungen des Klimas, welche die reale Verbundenheit allen Geschehens auf der Erde deutlich machen.

Wenn man realistisch bleiben will, kann man nur zu dem Ergebnis gelangen, daß diese Herausforderungen nur gemeinsam menschheitlich angenommen und verwandelt werden können.

Flüchtlingspolitik ist so schon heute unmittelbar „Weltinnenpolitik". Flüchtlingsarbeit bedeutet, zusammen mit Menschen aus aller Welt, mit ihrer und unserer Not, konkret im eigenen Leben immer wieder ein kleines Stückchen „Weltkultur" zu erfinden. In der Begegnung mit Flüchtlingen, im gleichberechtigten, gemeinsamen Bemühen, wird immerzu Neuland betreten, werden letztlich Grundlagen gebildet für eine Weiterentwicklung der Menschheit, für ein neues Entwicklungsniveau der Zivilisation: eine menschheitlich orientierte Weltkultur.

„Unsere" überhebliche Einstellung, die darauf beruht, daß Deutschland zu den Regionen der Erde gehört, die bei dem gegenwärtig dominierenden, rasant zerstörerischen Entwicklungskurs noch die Nase vorn haben, ist ein Trugschluß, zumal hiesige Politiker und Bürokraten immer wieder Anschauungsmaterial bieten für weitreichende kulturelle Rückständigkeit, wie sie sich in Verlogenheit und Brutalität im Umgang mit Menschen äußert.

Ich denke, daß bei der Reflexion der Arbeit mit Flüchtlingen die Gefahr besteht, mit Konzepten vorlieb zu nehmen, die eigentlich gar nicht genau passen, auch wenn sie vielleicht weithin angeboten werden, und die dann vor allem die gesellschaftliche Diskussion in falsche Bahnen lenken.

Meinen bisherigen Erfahrungen nach geht es bei den Begegnungen mit Menschen aus anderen Weltgegenden in der Flüchtlingsarbeit z.B. wenig um nationale Identitäten. Das hat einfach schon den Grund, daß die Staatsgebilde in den Gegenden Ost- und Südosteuropas, Asiens und Afrikas, aus denen Flüchtlinge in der BRD zur Zeit vorwiegend kommen, geschichtlich gesehen durchwegs so jung sind, daß sie kulturell bisher gar keinen so prägenden Einfluß haben konnten.

Von Völkern zu sprechen, bringt schon ein wenig mehr. Allerdings gibt es Völker eigentlich sowieso nur im Plural. Die kulturelle Wirklichkeit „einer Volkskultur" „an sich", „pur" zu konstruieren, ist ganz unmöglich. Wenn man von einem Volk spricht, spricht man auch von den anderen. Als wirklich fruchtbar erweist sich meist erst der kulturgeschichtliche Blick, der Blick auf die jeweilige Pluralität kultureller „Geschichten", die für mich meinen kulturellen Hintergrund bilden und die für einen Menschen den kulturellen Hintergrund bilden, der nach Deutschland kommt.

Aber es wäre doch wieder falsch, nun statt einer „nationalen" eine „kulturelle Identität" zu erfinden, und von da aus dann von Multikulturalität zu sprechen. Das mag manchen EthnologInnen gefallen, nagelt aber die betroffenen Menschen, mich eingeschlossen, fest wie in einer Schmetterlingssammlung.

Zentral sind bei einer Begegnung von Mensch zu Mensch, aus welcher Gegend die Beteiligten auch kommen mögen, zunächst einmal sie selbst, das heißt: mit ihren jeweiligen, ganz aktuellen gedanklichen, seelischen und praktischen Gestaltungsmöglichkeiten ihres Bewußtseins, ihres Selbstverständnisses, ihrer Lebenswelt – jetzt, in der Situation der Begegnung selber.

Das Spannungsverhältnis zum Gewordenen im eigenen Leben, zum jeweiligen kulturellen Hintergrund mit seiner Pluralität von wirksamen Momenten haben alle in sich, damit müssen wir alle umgehen lernen. Es gehört anscheinend, jedenfalls in der Gegenwart, zur Lebenssituation von Menschen überhaupt.

Es ist grundsätzlich ganz „unmenschlich", irgendeinen Menschen auf irgendeine Identität festnageln zu wollen. Der jetzt lebende Mensch wird damit einer mehr oder weniger fiktiven Vergangenheit zugeordnet.

Meines Erachtens fordert uns die Begegnung mit Flüchtlingen dazu heraus, eine menschheitliche – auf das Menschliche als das Zentrale orientierte – Perspektive einzunehmen und die Bedeutung des Nationalen oder Volksmäßigen deutlich zu relativieren.

Etwa seit der Zeit der Romantik ist aus einem an sich berechtigten und akzeptablen Forschungsinteresse heraus, bei dem aber letztlich fasziniert Konzepte zur Grundlage gemacht wurden, die – beim eigenen Suchen und Sehnen nach Orientierung – der eigenen Phantastik entsprachen, in die Kulturgeschichte in Deutschland ein falscher Zug hereingekommen: zu Lasten der lebenden Menschen und der unvorhersehbaren Vielfalt ihrer Interessen, Kulturverhältnisse zu objektivieren, quasi zu Gegenständen zu machen.

Die ForscherInnen konnten sich vielleicht als Ergebnis ihrer Arbeit von ihren methodologischen Voreingenommenheiten her nichts anderes als eine so entstehende „Schmetterlingssammlung" vorstellen – für das Zusammenleben der Menschen gerade in Europa war und ist dieser Fehler fatal. Ich bin froh, daß die Arbeit mit Flüchtlingen mir unter anderem dies verdeutlicht hat.

Es ist eine bemerkenswerte, in dieser Deutlichkeit nicht erwartete Konstante in meinen bisherigen Erfahrungen in der Flüchtlingsarbeit: das Verhältnis zwischen Individualisierung, Selbstbestimmung von Werten, Auflösung von Traditionen einerseits und diesen – religiösen, volksmäßigen usw. – Traditionen andererseits scheint gegenwärtig überall auf der Erde Thema zu sein. Daß die starke individuell orientierte Strömung in der deutschen Geschichte, ja in der Geschichte Mitteleuropas, die es außer all dem faschistoid-bürokratischen Wahnsinn ja auch gibt, für die Arbeit an diesem Thema in der Gegenwart von außerordentlich fruchtbarer Bedeutung werden könnte, scheint in den vielfältigen Begegnungen immer wieder auf.

Bei solchen Begegnungen ahnt man, was Deutschland, was Mitteleuropa in diesen Zeiten der Welt bedeuten könnten und daß es sehr wohl einen tieferen Sinn hat, wenn so viele Menschen aus aller Welt gerade in diesen Zeiten hierher kommen. So führt Begegnung eben zur Selbst-Erfahrung: die Mercedesse, BMWs und Werkzeugmaschinen an sich sind nicht das, was „unseren" Platz im Konzert der Menschheit ausmachen sollte; allenfalls die hinter der Produktion dieser Geräte stehende Fähigkeit, Gedachtes und Gewolltes auch verläßlich praktisch umzusetzen, ist etwas, dessen Wert im Gespräch hervorscheint.

Auch die schrecklichen Heere von ForscherInnen, die sich anscheinend jetzt anschicken, an den Universitäten Mikrobiologien, Biochemien und Gentechniken zu erfinden, sind es nicht.

Indem wir die Flüchtlinge ausschließen und vertreiben, versperren wir uns den eigenen Weg, den Sinn unseres eigenen Daseins zu entdecken.

Wir brauchen das Licht, das in der zwischenmenschlichen Begegnung aufscheint, um die tiefliegenden Probleme unserer eigenen kulturellen Hintergründe entdecken und begreifen zu können. Dann können wir sie auch lösen.

Deshalb erweist sich die Flüchtlingsarbeit in Deutschland als ein neuralgischer Punkt: gerade weil sie Chancen bietet, die elende Selbstverleugnung aufzugeben, die das groteske „Wirtschaftswunder" am „Standort Deutschland" täglich bedeutet. Statt aus Angst vor der „feindlichen, bösen Welt" immer wieder für den militärischen oder ökonomischen „Rund-um-Krieg" zu rüsten, und uns mit unseren Sehnsüchten und Wünschen dabei in Wirklichkeit längst aufgegeben zu haben, sollte uns die in Not befindliche alte, lang geprüfte Weisheit der zu uns fliehenden Menschen helfen, ein anderes Verhältnis zu der uns umgebenden Welt zu gewinnen, unseren tiefsitzenden kulturellen Konflikt mit der „harten Welt" bewußt zu konstatieren und anzunehmen – und den Mut zu finden, gemeinsam mit Menschen aus aller Welt darum zu ringen, daß mehr Wärme in diese Welt kommt.

Gerade diejenigen, welche die Flüchtlinge ausschließen wollen, letztlich, um Deutschland für den (Wirtschafts-)Krieg zu stärken, sind völlig verblendet, weil sie nicht erkennen, welche Chancen für die kulturelle Entwicklung Deutschlands gerade in der Flüchtlingsarbeit liegen – eben als einer Arbeit an einer wirklich zukunftsweisenden, humanistisch orientierten Weltkultur.

Es ist nicht nur so, daß die Flüchtlinge uns brauchen – das ist augenfällig. Es ist auch so, daß uns de facto die Flüchtlinge helfen, zu uns selber zurückzufinden.

In der Wirklichkeit scheint die Menschheit gegenwärtig schon viel enger verbunden zu sein, als es den oft noch recht partikularen – etwa nationalen oder religiösen – Vorstellungen in den Köpfen der Menschen entspricht.

Richtet man einen sorgfältigeren Blick auf die Krisenregionen der Erde als gemeinhin die Massenmedien, gelangt man zu dem Schluß, daß sie in diesen Zeiten erstaunlich viel miteinander verbindet, auf verschiedenen Ebenen, mit Themen, Fragestellungen, Konflikten, die in weitem Umkreis, ja weltweit von Bedeutung sind.

Freilich dominiert in der Produktion von Nachrichten fast immer ein abstrakt isolierender Blick, der sich an Lokalitäten, Sensationen und Schrecknissen festmacht. Aber eine daraus resultierende „exotisierende", isolierende Sicht der Krisenregionen scheint mir längst ganz illusionär zu sein.

Sie hat allerdings in vieler Hinsicht etwas Bequemes an sich. Leicht kann es passieren, daß sich gerade durch die Begegnung mit Flüchtlingen und ihren Schicksalen ein Blick auf die gesellschaftliche Situation in der Bundesrepublik einschleicht, der diese irgendwie als geordnet, gar wohlgeordnet erscheinen läßt. Eine solche Sicht kann auch für Flüchtlinge schnell selbstverständlich werden – woher sie auch kommen mag. Wenn sich solche schematische Ansichten festsetzen, ist für beide Seiten viel verloren. Deshalb kommt es auf klares Denken an und den Mut, Flüchtlingen wirklich ehrlich, „von Mensch zu Mensch", gleichberechtigt zu begegnen.

Das heißt eben, selbstverständlich auch die eigenen Grenzen und Schwierigkeiten zu zeigen und einzubringen. Da es für viele Flüchtlinge anfangs nicht leicht ist, durch die „Wohlstandsoberfläche" durchzustoßen und die Komplexität und Widersprüchlichkeit der hiesigen Verhältnisse mitzuvollziehen, kann es sonst leicht dazu kommen, daß sie sich dem scheinbaren „Wohlstandsparadies" gegenüber einseitig statisch nur als „Opfer" definieren, und dazu übergehen, passiv-konsumistisch ihren Anteil zu fordern am vermeintlich allgemeinen Glück – das so mitnichten existiert. Wichtig ist der Versuch, in der Begegnung die Konfliktsituationen – sei es in den Herkunftsregionen, sei es bei uns – wirklich umfassend zu verstehen. Ohne Schonung der „eigenen" Seite – sei es der bundesdeutschen, der europäischen oder der „westlichen" Seite – muß versucht werden, alle politischen, kulturellen oder sozialen Kräfte mit ihren jeweiligen Ansichten von der Welt und ihren Zielvorstellungen in den Blick zu bekommen, die da jeweils aufeinander wirken.

Das Bemühen selbst um echte, unvoreingenommene, wahrheitsgemäße Begegnung von Mensch zu Mensch erweist sich immer wieder schon als ein Heilmittel gegenüber dem oft schreienden Leid der zu uns geflohenen Menschen.

Das heißt wohl: mit-fühlen und auch mit-leiden, selbstverständlich, aber das heißt dann auch: entschlossen immer wieder versuchen, die richtigen Begriffe zu finden, die richtigen Worte, für das, was geschah und geschieht. Weltweit bedeutsame Themen können sich von daher erhellen und erschließen.

So können, in den „Innenräumen", die in solchen Gesprächen entstehen, die jeweiligen spezifischen Ambivalenzen der Entwicklungssituationen hervortreten – in den Herkunftsregionen wie bei uns –, spezifische Probleme, tradierte Erstarrungen, Rat- und Auswegslosigkeiten.

In solchen Dialogen entsteht etwas. Etwas wird zur Sprache gebracht, in gemeinsamem Bemühen auf den Begriff gebracht. Wenn es bewußt faßbar wird, wenn es ausgesprochen und mitgeteilt wird, kann es in Bewegung kommen. Dieser Prozeß kann nur beide Seiten verändern.

Die Begriffe schmerzen. Fast alle Themen, um die es geht – in Bosnien, in Kosovo, in Zaire, in Kurdistan, in Afghanistan ... kenne ich doch auch, aus meinem Leben hier: Wir Männer hier sind gar nicht unbedingt fähiger zu gleichberechtigtem Umgang mit Frauen. Die Menschen in München sind kaum weniger nationalistisch, faschistoid oder rassistisch eingestellt. Religiöse Toleranz fällt auch uns schwer. Auch wir können schlecht unsere Gefühle zulassen, in unser Bewußtsein aufnehmen, teilen, usw.

Hinzu kommt dann aber immer noch sozusagen die Ebene des imperialistischen Treibens: es finden sich fast in allen Fällen Menschen aus der Bundesrepublik, aus der EU, aus dem sog. „Westen" – vielleicht allgemein hochgeschätzte Politiker – die aktiv daran mitarbeiten, u.U. von vornherein schwierige politisch-kulturelle Entwicklungsprozesse zu furchtbarsten Katastrophen werden zu lassen: durch Unterstützung von Kriegsparteien mit Waffen und Geld (sehr häufig), durch Mitarbeit an der Weiterverbreitung verlogener Sprachregelungen; aus strategischen oder kommerziellen Interessen, wegen Rohstofflieferungen, Einflußsphären usf.

Sich dann zu verschanzen hinter der Vorstellung, „großherzige, edle Helfer und Helferinnen" zu sein aus einem wohlgeordneten „Land des Friedens und Wohlstands", wird einfach unaufrichtig.

Wenn man tiefer hinschaut, muß man zugeben: die meisten konflikt- und krisenträchtigen Entwicklungsprozesse, die in den Herkunftsregionen der Flüchtlinge problematisch wurden – sie finden bei uns auch statt. Die Regierenden in „meinem" Land, die Machtgruppen in „meinem" Land, etwa Konzerne und ihre Verbände oder politische Parteien – sie sind oft mehr oder weniger Mitakteure in den soziokulturellen Katastrophen!

In den Begegnungsprozessen verändern sich die Kategorien: die anscheinend fern liegenden „Krisenregionen" oder „Katastrophengebiete" werden verstehbar auch als Symptome, als Brennpunkte, in denen sich letztlich allgemein menschliche Fragestellungen bündeln und zuspitzen, die aber uns und jeden Menschen auf der Erde auch angehen.

Auf eigenartige Weise scheint die Menschheit mit ihren vielen Facetten und Schwerpunkten in den verschiedenen Gegenden der Erde doch auch wieder wirklich ein Ganzes zu sein.

In der Begegnung und dem Gespräch selbst bildet sich unmittelbar etwas Neues: Ansätze wirklicher, konkreter Weltkultur. Niemand kann dabei behaupten, einfach nur einer bestimmten Nation zugehörig oder auch nur der oder die gleiche geblieben zu sein. Ansatzweise ist in der Begegnung ein neuer „Boden" entstanden, der weder das eine noch das andere sein kann.

Der Ernst des Leids ruft einen auf – zu Aufrichtigkeit, zu unvoreingenommenem, klarem Blick, zu praktischem Handeln, zur Anstrengung der Begriffsbildung. Unumgänglich verändert man sich dabei selber. Ohne die Stadt verlassen zu haben, hat man sich auf eine Welt-Reise begeben – mit offenem Ausgang.

Lassen wir es zu, uns berühren zu lassen und in Bewegung zu geraten – wir könnten uns selber dabei gewinnen.

In the end.

Adressen

An dieser Publikation beteiligte Einrichtungen / Organisationen

Aktion Humane Schule
Fee Czisch
Unertlstr. 4
80803 München

AusländerInnenbeauftragte
der Landeshauptstadt München
Dr. Chong-Sook Kang
Blumenstr. 17
80331 München

Dr. phil. Peter Bründl
Heimeranstr. 2
80339 München

Children for a better world
Harriet Austen
Begonienstr. 1
80939 München

Dr. med. Hans-Jürgen Groebner
Josefspitalstr. 7
80331 München

Die Grünen in Bayern
Ökofonds
Christophstr. 1
80538 München

Kreisjugendring München
Erika Henning
Paul-Heyse-Str. 22
80336 München

Kunst als Brücke
Yvonne und Hans-Joachim von Zieten
Milchstr. 6
81667 München

Kunstwerkstatt für Flüchtlingskinder
Margit Türk
Kidlerstr. 22
81371 München

Nord-Süd-Forum
Trudi Schulze
Daiserstr. 9
81371 München

Pro Asyl – Bundesweite
Arbeitsgemeinschaft für Flüchtlinge
Heiko Kauffmann
Postfach 10 18 43
60018 Frankfurt

Refugio München
Anni Kammerlander
Rauchstr. 7
81679 München

Regenbogen Bayern e.V.
Niki Tantaquispe
Adlzreiterstr. 23
80337 München

Stadtjugendamt München
Orleansplatz 11
81667 München

Landesweite Flüchtlingsräte

Baden-Württemberg:
Arbeitskreis Asyl
Vogelsangstr. 60, 70176 Stuttgart
Tel.: (0711) 631 355 Fax: (0711) 63 69 737

Bayern:
Flüchtlingsrat
Valleystr. 42, 81371 München
Tel: (089) 76 22 34 Fax: (089) 76 22 36

Berlin:
Flüchtlingsrat c/o Gossner Mission
Fennstr. 31, 12439 Berlin
Tel: (030) 631 78 73 Fax: (030) 63 61 198

Brandenburg:
Flüchtlingsrat c/o DPWV
Rosa-Luxemburg-Str. 24,
15230 Frankfurt/Oder
Tel. und Fax: (0335) 321 075

Bremen:
Flüchtlingsrat c/o Kath. Bildungswerk
Kolpingstr. 7, 28195 Bremen
Tel.: (0421) 36 94 168 und 36 94 167

Hamburg:
Flüchtlingsrat c/o Haus für Alle
Amandastr. 58, 20357 Hamburg
Tel.: (040) 43 02 058 Fax: (040) 43 04 490

Hessen:
Flüchtlingsrat c/o Die Brücke
Löher Str. 37, 36037 Fulda
Tel.; (0661) 24 16 19 Fax: (0661) 24 25 84

Mecklenburg-Vorpommern:
Flüchtlingsrat c/o Büro der
AusländerInnenbeauftragten
Johannesstr. 10, 19053 Schwerin
Tel. und Fax: (0385) 785 18 46

Niedersachsen:
Flüchtlingsrat
Lessingstr. 1, 31135 Hildesheim
Tel.: (05121) 15 605 Fax: (05121) 31 609

Nordrhein-Westfalen:
Flüchtlingsrat
Frauenstr. 25, 48143 Münster
Tel.: (0251) 51 1184 Fax: (0251) 46 20 6

Rheinland-Pfalz:
Arbeitskreis Asyl
PF 2851, 55516 Bad Kreuznach
Tel.: (0671) 25 11 671 Fax:(0671) 25 11 40

Saarland:
Arbeitskreis Asyl
Kaiserstr. 20, 66424 Homburg
Tel.: (06841) 40 11 Fax: (06841) 15 658

Sachsen:
Flüchtlingsrat
Höckendorfer Weg 2, 01189 Dresden
Tel.: (0351) 40 30 802 Fax: (0351)40 30 803

Sachsen-Anhalt:
Flüchtlingsrat
c/o Kontakt International e. V.
Breiter Weg 250, 39104 Magdeburg
Tel.: und Fax: (0391) 54 33 102

Schleswig-Holstein:
Flüchtlingsrat
Bißnitzhof, 23795 Schieren
Tel: (04553) 482

Thüringen:
Flüchtlingsrat
c/o Beratungsstelle für Flüchtlinge
Markt 1, 07356 Lobenstein
Tel.: (036651) 88 967

Sonstige bundesweite Organisationen

amnesty international
Sektion der Bundesrepublik
Deutschland e. V.
Heerstraße 178, 53111 Bonn
Postanschrift: Postfach, 53108 Bonn
Tel.:(0228) 98 373-0 Fax:(0228) 63 00 36

Amt des Hohen Flüchtlingskommissars der
Vereinten Nationen (UNHCR)
Rheinallee 6, 53119 Bonn
Tel.: (0228) 95 70 90

Arbeiterwohlfahrt-Bundesverband e. V.
Ref. Ausländische Flüchtlinge
Oppelner Straße 130, 53119 Bonn
Tel.: (0228) 65 85-136

Arbeitskreis gegen Fremdenfeindlichkeit in den
neuen Bundesländern c/o RAA e. V.
Schumannstraße 5, 10117 Berlin
Tel.: (030) 28 23 079

Asyl in der Kirche
Bundesarbeitsgemeinschaft
Karthäusergasse 9-11, 50678 Köln
Tel.: (0221) 33 82-281 Fax: (0221) 33 82-103

Den Krieg überleben
Römerstr. 85, 53111 Bonn
Tel.: (0228) 68 70 55 Fax: (0228) 68 77 23

Deutsche Stiftung für
UNO-Flüchtlingshilfe
Wielandstraße 4, 53173 Bonn
Tel.: (0228) 83 14 83

Deutsche Flüchtlingshilfe Bonn e. V.
Colmantstr. 5, 53115 Bonn
Tel.: (0228) 65 09 93

Deutscher Caritasverband
Flüchtlings- und Aussiedlerhilfe
Karlstraße 40, 79104 Freiburg/Breisgau
Tel.: (0761) 20 04 75

Deutscher Paritätischer Wohlfahrtsverband
DPWV- Gesamtverband
Heinrich-Hoffmann-Straße 3, 60528 Frankfurt/
Main
Tel.: (069) 6706-270

Deutsches Rotes Kreuz
Generalsekretariat- Referat 24
Königswinter Str. 29, 53227 Bonn
Tel.: (0228) 54 14 87

Diakonisches Werk der Evangelischen
Kirche in Deutschland e. V.
Hauptgeschäftsstelle
Stafflenbergstraße 76, 70184 Stuttgart
Tel.: (0711) 2159 376

Forum Buntes Deutschland –
SOS-Rassismus
Postfach 26 44, 53016 Bonn
Tel.: (0228) 76 87 16

Gesellschaft für bedrohte Völker e. V.
Postfach 20 24, 37010 Göttingen
Tel.: (0551) 49 90 60

Internationaler Sozialdienst
Deutsche Zweigstelle e. V.
Am Stockborn 5-7, 60439 Frankfurt/Main
Tel.: (069) 58 03-1

Komitee für Grundrechte
und Demokratie
An der Gasse 1, 64759 Sensbachtal
Tel.: (06068) 26 08
medico international
Obermainanlage 7, 60314 Frankfurt/Main
Tel.: (069) 94 438-0 Fax: (069) 43 60 02

Medica mondiale e.v.
Waisenhausgasse 65
50676 Köln
Tel.: (0221) 931 89 80
Fax: (0221) 931 89 81

National Coalition
Arbeitsgemeinschaft für Jugendhilfe
Haager Weg 44
53127 Bonn

Sekretariat der Deutschen Bischofskonferenz
Kaiserstraße 163, 53113 Bonn
Tel.: (0228) 10 32 20

terre des hommes Deutschland e. V.
Inlandsreferat
Ruppenkampstr. 11 a, 49084 Osnabrück
Tel.: (0541) 71 01-0

Verband der Initiativgruppen in der
Ausländerarbeit- VIA e. V.
Bundesgeschäftsstelle
Hochemmericher Str. 71, 47226 Duisburg
Tel.: (02065) 53 34 6

Adressen der Psychosozialen Beratungsstellen für Flüchtlinge in Deutschland

Psychosoziales Zentrum für Flüchtlinge –
Diakonisches Werk Nürnberg
Pirckheimerstr. 8
90408 Nürnberg
Tel.: (0911) 9354-1 Fax: (0911) 9354-269

Zentrum zur Behandlung von
Folteropfern e. V.
Reutinger Str. 5
88131 Lindau
Tel./Fax: (08382) 5958

Behandlungszentrum für Folteropfer e. V.
Berlin Klinikum Westend
Haus 14 II. Etage, Spandauer Damm 130
14050 Berlin
Tel.: (030) 30 35-3591 (-3309)
Fax: (030) 3482
Xenion- Psychotherapeutische Beratungsstelle
für politisch Verfolgte
Roscher Str. 2 a
10629 Berlin
Tel.: (030) 323 29 33
Fax: (030) 324 85 75

Psychosoziales Zentrum für ausländische
Flüchtlinge
Fichardstr. 46
60322 Frankfurt
Tel.: (069) 55 31 10 oder 55 31 16

Psychosoziales Zentrum für ausländische
Flüchtlinge
Norbertstr. 27
50670 Köln
Tel.: (0221) 13 73 78 oder 13 67 69
Fax: (0221) 139 02 72

Refugio- Bremen Psychosoziales Zentrum für
Flüchtlinge e. V.
Gothaer Str. 19
28215 Bremen
Tel.: (0421) 376 07 49
Fax: (0421) 376 07 22

Behandlungszentrum für Folteropfer Ulm
Seelengraben 22
89073 Ulm
Tel.: (0731) 22833
Fax: (0731) 22831

Psychosoziales Zentrum für ausländische
Flüchtlinge
Dudweiler Landstraße 153
66123 Saarbrücken
Tel.: (0681) 390 50 05
Fax: (0681) 35457

Psychosoziale Beratungsstelle für Ausländer,
Aussiedler und Ihre Familien
Schwimmbadstraße 38
79100 Freiburg
Tel.: (0761) 88 50 8-0

Psychosoziales Zentrum für ausländische
Flüchtlinge
Graf –Adolf- Str. 102
40210 Düsseldorf
Tel.: (0211) 353315-16
Fax: (0211) 35 33 14

Psychosoziales Zentrum für ausländische
Flüchtlinge Aachen
Mariahilfstr. 16
52062 Aachen
Tel.: (0241) 40 65 00 oder – 49000

Gera Psychosoziales Zentrum für Flüchtlinge
Berliner Str. 208
07546 Gera
Tel.: (0365) 412181

Diakonisches Werk in der Pommerschen
Evang. Kirche PSZ für Flüchtlinge
Rudolf-Petershagen-Allee 38
17489 Greifswald

Initiative für ein Internationales Kulturzentrum – Psychosoziale Beratung
Schaufelder Str. 11 Im Werkhof
30167 Hannover
Tel.: (0511) 55 08 92 oder – 93

Magdeburger Stadtmission e. V. Psychosoziales Zentrum für Flüchtlinge
Leibnizstr. 48
39104 Magdeburg
Tel.: (0391) 561 94 94

Psychosoziales Zentrum
Hospitalstr. 19
66538 Neunkirchen / Saar
Tel.: (06821) 25 525

Münchener Adressen

Rechtshilfefonds für
AusländerInnen München e.V.
Daiserstr. 9
81371 München
Tel.: (089) 725 77 74

Internationales Beratungszentrum
(Caritas, Arbeiterwohlfahrt, Rotes Kreuz,
Innere Mission, IAF)
Goethestr. 53
80336 München
Tel.: (089) 532 83 31 (AWO)

Hilfe für Flüchtlingsfamilien aus
dem ehemaligen Jugoslawien
Goethestr. 53
80336 München
Tel.: (089) 54 37 07 07

Nord-Süd-Forum München e.V.
Daiserstr. 9
81371 München
Tel.: (089) 747 07 44
Nord-Süd-Foren gibt es in vielen kleineren und größeren Städten. Sie sind wiederum ein Zusammenschluß verschiedener Gruppen am Ort, und insofern gute Kontaktadressen.

Psychosoziale Beratungstellen in Europa

AN LAC Beratungs- und Begegnungszentrum
für anerkannte Flüchtlinge
Habsburgerstrasse 6
CH-3000 Bern 16
Tel.: +31 352 84 24 / 25
Fax: +31 352 91 70

OASIS
Behandling og rädgivning for flygtninge
Strandboulevarden 92, 3. sal
DK-2100 Kopenhagen
Tel.: 35 26 57 26
Fax: 35 26 55 33

RCTIRCT – Rehabilitering- og Foskningcentret
for Torturofre
Borgergade 13 / P.O. Box 2107
DK-1014 Kopenhagen
Tel.: (45) 33 76 06 00
Fax: (45) 33 76 05 00

ZEBRA - Zentrum zur Sozialmedizinischen,
Rechtlichen und Kulturellen Betreuung von
Ausländern und Ausländerinnen in Österreich
Pestalozzistraße 59/III
A-8010 Graz
Tel: (03 16) 83 56 30

Die Autorinnen und Autoren

Kurt Haymann war in den Jahren 1995 und 1996 Landesvorsitzender der Partei Bündnis 90/Die Grünen und in dieser Eigenschaft auch Schirmherr der Ausstellung „Ich besiege alle Drachen" im Gasteig in München, aus der dieses Buch entstanden ist.

Anni Kammerlander Dipl. soz. päd., Familientherapeutin. Langjährige Tätigkeit mit Kindern in einer Obdachlosensiedlung. Seit 1990 in der Flüchtlingsarbeit tätig. Seit 1994 Geschäftsführerin von *Refugio München*, Beratungszentrum für Flüchtlinge und Folteropfer.

Heiko Kauffmann Pädagoge. Sozialwissenschaftliche Studien in der Kinder- und Jugendmedienforschung. Veröffentlichungen zu ausländerpolitischen und friedenspädagogischen Fragen. Über 15 Jahre Inlandsreferent der Kinderhilfsorganisation *terre des hommes*. Mitbegründer der Bundesarbeitsgemeinschaft für Flüchtlinge *Pro Asyl*. Seit September 1994 deren Sprecher.

Sabine Ortner Kunsterzieherin. Zweijährige Erfahrung in der Arbeit mit Flüchtlingskindern in einer Unterkunft für Flüchtlinge. Vielbeachtete Zulassungsarbeit zum Staatsexamen zum Thema.

Beate Schneider-Geweke Kunsterzieherin und Kunsttherapeutin bei *Refugio*. Kunsttherapeutin in einer Psychiatrischen Klinik.

Hans-Jürgen Groebner Dr. med., Kinder- und Jugendpsychiater, Psychoanalytiker. In einer Gemeinschaftspraxis tätig. Mitbegründer und Vorstand der *Bayerischen Gesellschaft für Soziale Psychiatrie*.

Peter Bründl Dr. phil., Psychoanalytiker. Studium der Germanistik und Geschichte. Langjährige Tätigkeit als Gymnasiallehrer; Internatserzieher und -leiter. Psychoanalytische Ausbildung in New York (für Kinder und Jugendliche) und München (für Erwachsene). Leiter der Fakultativen Ergänzungsweiterbildung. Kinder- und Jugendlichenpsychoanalyse in der *Münchner Arbeitsgemeinschaft für Psychoanalyse* (MAP), Supervisor und Lehranalytiker. Arbeits- und Forschungsschwerpunkte: Adoles-

	zenz, Auswirkungen der NS-Terrorherrschaft auf die erste und die nachfolgenden Generationen.
Fee Czisch	Vorsitzende der *Aktion Humane Schule e.V.*, die sich seit 15 Jahren für eine Veränderung des bestehenden Schulsystems einsetzt. Sie unterrichtet an einer Grundschule mit sehr hohem AusländerInnenanteil.
Trixi Haberlander	Kunstpädagogin und Malerin. Leitete 10 Jahre lang *die Schule der Phantasie* in München zusammen mit Prof. R. Seitz. Gründerin und Leiterin der Kunstwerkstatt für Kinder und Erwachsene aller Nationen *Grenzenlos e.V.* Fortbildungsreferentin für ErzieherInnen und LehrerInnen an verschiedenen Bildungseinrichtungen.
Yvonne von Zieten	Dipl. soz. päd., Grafikerin / Malerin. Kunst- und Sprachtherapie in der Flüchtlingssozialarbeit. Gründete 1992 die *Freie Akademie München*, 1993 das Flüchtlingsprojekt *Kunst als Brücke*, das sie mit H.-J. v. Zieten seither leitet.
Hans-Joachim von Zieten	Dipl. Kunsttherapeut, arbeitet seit 12 Jahren mit verhaltensauffälligen, behinderten Kindern und Jugendlichen in einer heilpädagogischen Einrichtung. Kunst- und kulturpädagogische Tätigkeit mit Jugendlichen in der Industrie. Privatdozent und Lehrtherapeut, Vorstandsmitglied der *Internationalen Gesellschaft, für Kunst, Gestaltung und Therapie*, Basel. An der *Freien Akademie* richtete er den Lehrgang *Kulturtherapie* und *Kunsttherapie* ein.
Harriet Austen	Geschäftsführerin der Organisation *Children for a better world*, die Kinderprojekte in aller Welt unterstützt.
Margit Türk	ist Grafikerin, Künstlerin und gibt Kunstunterricht. Kurse für freies und kreatives Gestalten an der *Schule der Phantasie* München. 1993 gründete sie die *Kunstwerkstatt für Flüchtlingskinder*, die in Unterkünften für Flüchtlinge Kurse für bildnerisches Gestalten hält.
Jochen Baltzer	Dipl. psych. Studium der Geschichte, Philosophie und Psychologie. Er arbeitet seit 1994 als Betreuer von Flüchtlingen in einer Unterkunft für AsylbewerberInnen in München.

Ernst Lohoff
Der Dritte Weg in den Bürgerkrieg
Jugoslawien und das Ende der nachholenden Modernisierung

190 Seiten
Broschur
ISBN 3-89502-055-9

Westliche Beochbachter sehen im grassierenden Ethnopluralismus für gewöhnlich ein anachronistisches Phänomen, das so gar nicht zu unserer ach so aufgeklärten Epoche passen will. Insbesondere die Entwicklungen im ehemaligen Jugoslawien erscheinen im heutigen Europa, wo der Siegeszug des totalen Marktes alle nationalen Grenzen längst obsolet macht, als Fremdkörper.
Ernst Lohoffs verblüffende Analyse eröffnet demgegenüber eine gänzlich andere Perspektive. Er zeichnet zunächst nach, warum das unter Tito begonnene Modernisierungsprojekt weder unter dem Banner des Sozialismus noch dem des Marktliberalismus zu einem erfolgreichen Ende geführt werden konnte. Ferner macht er deutlich, daß unter den für den jugoslawischen Vielvölkerstaat spezifischen Bedingungen der Kollaps nachholender Entwicklung zu einer Neubesetzung nationaler Gegensätze führen mußte. Im letzten Teil untersucht er die Reproduktionslogik der in diesem Zerfallsprozeß entstandenen pseudostaatlichen Regime.

Bitte fordern Sie unser aktuelles Gesamtverzeichnis an:
Horlemann Verlag • Postfach 1307 • 53583 Bad Honnef
Telefax 0 22 24 / 54 29 • e-mail: horlemann@aol.com
Internet: www.mediacompany.com/horlemann